Compostelle

Carnet de route d'un pèlerin

Du même auteur

François d'Assise, Mame, 1993.
Foi dite en passant, Presses de la Renaissance, 1997.
Des fleurs en enfer, Fioretti du Bronx, Presses de la Renaissance, 2000.

Luc Adrian

Compostelle

Carnet de route d'un pèlerin

PRESSES
DE LA
RENAISSANCE

Ouvrage réalisé
sous la direction éditoriale d'Alain Noël

Si vous souhaitez être tenu(e)
au courant de nos publications,
envoyez vos nom et adresse, en citant ce livre,
aux Éditions des Presses de la Renaissance,
12, avenue d'Italie, 75013 Paris.
Et, pour le Canada,
à Vivendi Universal Publishing Services Canada Inc.,
1050, bd René-Lévesque Est,
Bureau 100,
H2L 2L6 Montréal, Québec.

Consultez notre site Internet :
www.presses-renaissance.fr

ISBN 2.85616.846.9

« Ce matin, je ressentais une paix, une sérénité, une certitude que je n'avais plus connues depuis longtemps. Et tout cela m'est venu d'une petite ampoule au pied gauche. »

Etty HILLESUM,
Une vie bouleversée,
Points Seuil, 1995

« J'ai fait dans mon ignorance des discours sur des merveilles qui me dépassent et dont je ne sais rien. »

Livre de Job.

« Je n'ai qu'un brin de style, déplorait-il, un peu de fantaisie, quelques théories puériles ou réchauffées, c'est plutôt maigre. »

Philippe BRUNEL,
Les Reporters,
Calmann-Lévy, 2000.

À ceux qui ne peuvent plus marcher, ni tenir debout.

En hommage au docteur Pierre Adrian, chirurgien orthopédiste, mon père, qui soigna des hommes avant d'opérer leurs pieds.

OCÉAN ATLANTIQUE
FRANCE
St-Jean
Pied-de-Port
Roncevaux
Larrasoaña
Pampelune
Puente la Reina
Estella
Los Arcos
Torres
del Rio
Viana
Logroño
Navarrete
Nájera
Sto. Domingo
de la Calzada
Belorado
San Juan
de Ortega
Burgos
Castrojeriz
Frómista
Carrión de
los Condes
Calzadilla de
la Cueza
Sahagún
El Burgo
Ranero
Mansilla
de las Mulas
León
Hospital
de Orbigo
Astorga
Rabanal
del Camión
Ponferrada
Villafranca del Bierzo
O Cebreiro
Samos
Sarria
Portomarín
Melide
Arzúa
Arca
Saint-Jacques-
de-Compostelle
ASTURIES
CANTABRIQUE
PAYS
BASQUE
NAVARRE
LA
RIOJA
CASTILLE-LEÓN
ESPAGNE
GALICE
PORTUGAL
Navia
Ebre
Bernesga
Douro
Miño
0
50
100km

Prolégomènes à toute lecture future

« Tout chemin qui mène au Ciel est le ciel. »

SAINTE CATHERINE DE SIENNE.

« On ne piétine pas les étoiles. »

Christian de CHERGÉ.

Les écrits sur le chemin de Compostelle sont aussi nombreux que les étoiles de la Voie lactée. On pourrait sans peine en couvrir la chaussée qui mène jusqu'à Saint-Jacques. Chaque pèlerin y va de son couplet. Moi itou.

Ces feuillets s'ajoutent aux milliers d'autres écrits sur le sujet depuis des siècles. Vous pouvez, bien sûr, les ignorer et les replacer en rayon, mais vous vous priveriez des salutaires impressions d'un fameux voyage intérieur, celles-là mêmes qui sont la chair du chemin, que chaque marcheur consigne dans son calepin, le soir, quand la soupe fume, le mollet se détend, le pied retrouve figure humaine, avant d'étudier le parcours d'un lendemain qui ne chantera pas forcément. Bref, vous le regretteriez.

Ce livre mérite aussi d'être acquis pour la raison que l'intrusion d'un métatarsien dans le fil d'une rédaction est sans précédent, semble-t-il, dans l'histoire de l'homme, de la plume et du pied. Son coauteur n'est autre, en effet, que le plus petit de mes petits orteils, et — il me pardonnera sûrement ce constat maintenant que nous sommes réconciliés — le plus moche.

À vrai dire, ce chemin de Compostelle n'est qu'un tronçon pédestre d'une route sinueuse commencée dès ma conception. C'est la vie qui est pèlerinage. Elle nous mène, cahin-caha, de séparations en détachements, jusqu'à la Vie qui n'aura pas de fin, et dont la mort humaine est le mystérieux passage. Toute marche en est, je le crois, la parabole incarnée et le signe plus ou moins inconfortable.

De temps à autre, négligent et superficiel, illusionné par la magie de l'instant et la beauté du monde, écorché par la souffrance des hommes et la suffisance des puissants, j'ai besoin de me souvenir que tout ne s'arrête pas céans ; que l'existence est un appareillage, pas une impasse ; qu'un accomplissement nous attend de l'autre côté de la Porte, et une éblouissante consolation. Je m'administre une piqûre de rappel en prenant la route vers un lieu sacré, symbole de cette Jérusalem céleste qui nous espère, le sac léger pour ne pas trop oublier que je ne suis sur terre que de passage et n'emporterai là-haut comme seul bagage que l'amour donné ici-bas.

C'est ainsi que je marchai, il y a quelques années, de Sainte-Anne-d'Auray à Lourdes, et livrai quelques extraits d'un modeste carnet de route. Ceux-ci furent publiés sous le titre inspiré de *Foi dite en passant*. Malgré la bouderie des prix littéraires, cet ouvrage fut un immense succès populaire, vous vous en doutez. On m'exhorta de toute part : « Encore... Continuez... Plus loin... » Je répondais avec douceur et fermeté : « Patience, il n'est pas l'heure. » Sous la fenêtre de mon logis, des manifestations spontanées et amicales scandaient : « Com-pos-telle, Com-pos-telle ! » Elles se dissipaient d'elles-mêmes, pacifiquement, le soir tombé, sous une poussière d'étoiles.

Un jour, enfin, je cédai. Le temps était propice, celui des trente-cinq heures. Je thésaurisai trente jours de congé ; embrassai femme, enfants, collègues, veaux, vaches, patron, cochons, couvée ; chargeai le sac et me laissai reprendre par la route. Cap à l'ouest.

La présente marche, effectuée de Saint-Jean-Pied-de-Port, au pied des Pyrénées, vers Saint-Jacques-de-Compostelle — neuf cents kilomètres —, en ce joli mois de mai où l'on ne fait pas toujours ce qu'il nous plaît, alors que s'éveillait le troisième millénaire, est comme le prolongement de mon pèlerinage français — et le présent récit, la suite du premier volume.

Les lecteurs de *Foi dite en passant* qui auront l'indulgence — ou l'inconscience — de poursuivre ce chemin en ma compagnie voudront bien pardonner les faux pas et le style parfois lapidaire de ces lignes : elles sont écrites au pied levé. J'ajoute dans la foulée qu'ils y trouveront également de nombreuses citations tirées de mon calepin d'or, ce recueil de phrases aimées, cueillies au fil des lectures et des rencontres. Elles se sont imposées d'elles-mêmes, sans que je leur demande rien. On ne fait pas toujours ce qu'on veut, et les mots sont plus forts que nous. Surtout ceux des autres.

Pour ne pas alourdir le récit, nous avons reporté en fin de volume, dans un « Abécédaire du petit jacquaire », des indications pratiques pour les frères et sœurs pérégrinants que démangerait l'appel du Grand Chemin et qui souhaiteraient partir du bon pied.

Mon métier de rédacteur m'interdisant la coquille*, j'ai cheminé vers Compostelle sans arborer la *concha* blanche que les aïeux allaient ramasser à la fin des terres, sur les plages de Padrón où le soleil expire, et que mes compatriotes de *Camino* affichent fièrement sur leur sac à dos. Leur belle assurance ne peut être que l'expression d'une confiance éperdue, d'une espérance brûlante. Je les envie.

---

* Les mots signalés par un astérisque renvoient à l'« Abécédaire du petit jacquaire », p. 225.

Pied-ambule

« Nous étions la piétaille. Nous n'avancions jamais plus d'un pas à la fois. »

Charles PÉGUY.

« Ce qu'il y a de plus profond chez l'homme, c'est la peau. »

Paul VALÉRY.

Qui donc s'allonge quand son maître se lève et se dresse quand son maître se couche ? Le pied. Des événements rapportés dans ces pages, je suis, quoique aveugle et mutilé, un témoin privilégié. Un acteur de première main — si j'ose dire pour un petit orteil.

Je ne suis pas beau à voir, et difficile à trouver. Demandez à mon maître de retirer ces godillots bouseux qu'il affectionne et ces doubles chaussettes qui me bâillonnent, vous ne m'apercevrez qu'à grand-peine. Il faudra vous baisser, vous baisser davantage, vous abaisser encore, pour découvrir Rikiki Gnomon, serviteur souffrant, rabougri et ratatiné, coincé depuis ma naissance entre mon plus proche frère de galère et la muraille moite de notre cachot, en bas du corps, au fond, à gauche. Ma vie, c'est Zola revu par Claudel. J'ai la sale mine d'un mineur de Germinal, *et je rêve d'un soulier de satin.*

Nous sommes cinq Zorteils gauches. Nous nous entendons comme les doigts de la main. Nous allons d'un même pas, dignement, faisant contre mauvaise fortune bon cœur. Je connais à peine mon jumeau, Zorteil droit, nous nous croisons sans cesse, toujours en vitesse, dans l'alternance trépidante de la marche express. Parfois, la nuit, rapprochés sous la couette lorsque mon grand vizir croise les jambes, nous échangeons nos impressions de route obscure. Nous aurions pu servir, comme certains cousins, des fonctionnaires placides, des obèses inébranlables, des contemplatifs enracinés, bref, des êtres stationnaires, sédentaires, immobiles ! Non, mon maître, lui, se pique d'aimer la translation horizontale. La marche lui vide la tête, prétend-il — alors qu'elle n'est déjà pas bien pleine ! Il me fallut consentir à cette passion douloureuse. L'acceptation me fit grandir.

Avant d'acquérir quelque bienveillance par la grâce de cette salutaire marche à l'Étoile, celui-là me surnommait en ricanant le « Quasimodo de la grolle ». Me pardonnera-t-on ce jugement à l'emporte-pied ? Ce n'est pas un mauvais bougre dans le fond, mais qu'il est lourd à porter ! Voilà quarante et quelques années que nous existons ensemble et que je le fais marcher, je commence à le connaître sur le bout du doigt.

Son cortex ressemble à la gare Saint-Lazare un matin d'affluence. Des millions d'images se croisent, sans s'assembler ni former un seul concept digne d'intérêt. Dans ce fatras d'impressions, je trie en silence. Dieu n'est pas injuste. Il a compensé ma laideur par une mémoire vive. Je récupère ainsi les pépites de ses pensées fugitives. Je les conserve précieusement, bibliothécaire confidentiel. Je suis, très bas, la mémoire du haut.

Jovialement inconsistant, le carnet de route de mon maître lui ressemblait un peu trop. Il me parut indispensable de l'émailler de « perles » de culture engrangées durant mes années de servitude, réveillées par les circonstances de la pérégrination, et de quelques réflexions que ma condition d'esclave et ma nature d'écorché vif ont inspirées.

Les rois se laissaient autrefois provoquer par un bouffon. Sous les farces et les grimaces, ses insolences lacéraient les flatteries des courtisans et rappelaient le prince à la raison, à son devoir de justice et de probité. La vérité sort de la bouche des enfants et de ceux qui leur ressemblent. Bouffon du fond de la savate, j'ai tenté de jouer ce rôle au long de cette marche vers Compostelle, le « Champ de l'Étoile ».

Tous nous avons à vivre, au cours de notre course humaine, l'abdication d'une toute-puis-

sance pour embrasser l'humilité de notre condition, qui est sa véritable grandeur. Battu depuis des siècles par tant d'aïeux, de pieds et de Zorteils en quête de libération, ce chemin peut offrir, je l'atteste, un espace favorable à ce cheminement intérieur, un temps propice à cette conversion douloureuse et magnifique.

Rikiki Gnomon

1

Le cor (au pied) de Roncevaux

Saint-Jean-Pied-de-Port – Roncevaux (25 km)

« Un voyage de mille lieues commence par un pas. »

LAO TSEU.

« Ce qui sauve, c'est de faire un pas. »

ANTOINE DE SAINT-EXUPÉRY.

Encouragement de l'Apôtre, délire d'un buveur à jeun ou tentation de l'Adversaire ? Je ne marche pas depuis six heures sur le chemin de Saint-Jacques que j'ai déjà une apparition. Une femme brune, au nez pointu, enveloppée dans une cape transparente, émerge d'un nuage et me dit : « Jésus-Christ est le Chemin, la Vérité et la Vie. »

Lourdes est proche mais cette madone n'est pas la Vierge Marie. Elle se prénomme Eleonora. Je l'ai rencontrée dans la rude grimpette d'Untto, trois heures après avoir quitté Saint-

Jean-Pied-de-Port et franchi la Nive d'argent. Je purgeais mes poumons de leurs cigarettes brunes, crachais l'herbe à Nicot dans une repentance haletante, les yeux rivés sur le macadam de la route Napoléon, quand j'ai embouti un tronc mou. C'était un sac à dos. Derrière ce menhir de toile, se cachait une femme.

J'ai ainsi fait la connaissance de mes trois premiers pèlerins de Compostelle. Des Brésiliens. Eleonora, trente-cinq ans, mère de deux enfants, anesthésiste à Salvador de Bahia, frange brune, cheveux longs ondulés ; Georges, métis musculeux d'une quarantaine d'années, au visage noble, sillonné de ravines ; Cory, médecin elle aussi, petite femme vive et volontaire, noire de peau, cheveux courts et crépus. Ils arrivent tout droit de Bahia, *via* Bilbao. Le trio est épuisé par le voyage, le décalage horaire, le bouleversement d'existence et les kilos. Chacun d'eux porte, outre un énorme sac à dos qui les surplombe, sorte d'obélisque à sangles, des poches plastiques à la main, chargées de lait, de yaourts, de pain, comme s'ils partaient affronter le désert chinois du Taklamakan.

Eleonora baragouine quelques mots d'anglais, guère plus que moi. Nos dons linguistiques mutuels s'accordent, enrichis des spasmes de l'essoufflement :

« Ououff, do you go, pppffftt, to Santiago ? (*I ask.*)

— Yesss, aarrrhhhh, and youou ?

— Me tooo, aaaahhhh. If you want arrive, pppffffttt, you have to leave some bagage, aaaarrrrhh, and get light !

— Are you sure, ppppffftt ?

— Sure, I am, aaaarrrhhhhh[1]. »

Ce n'est pas du Shakespeare, d'accord, mais un souffle épique baigne ces onomatopées fraternelles, ces borborygmes complices.

Je bourre mon *bag* de leur bouffe en maudissant intérieurement ce besoin sécuritaire qui pèse si lourd. Nous poursuivons l'ascension, suant, soufflant, parmi des ruminants roux qui nous suivent de leurs yeux doux et mélancoliques.

Quelle borne invisible avons-nous franchie ? Quelle frontière interdite, quel espace réservé aux grands initiés avons-nous violé ? La divinité des pâturages se fâche. Le ciel se couvre, la montagne gronde. Des lambeaux de nuages surgissent de nulle part, s'accolent et nous enveloppent de leurs haillons d'étoupe, sarabande glacée.

Nous perdons les précieuses marques blanc et rouge, peintes sur les murets et les rochers, qui doivent nous guider jusqu'à Roncevaux.

1. « Allez-vous à Saint-Jacques-de-Compostelle ?
— Oui, et vous ?
— Moi aussi. Si vous voulez arriver au bout, il faut vous alléger.
— Vous êtes sûr ?
— Sûr, je suis. »
La traduction sommaire de ce dialogue ne rend pas, hélas ! la richesse des nuances employées ni la musicalité des accents. (*N.d.A.*)

Errons au milieu d'un troupeau de vaches à longues cornes effilées. Eleonora hurle soudain :

« Red, red ! Be careful, red, red !

— My name is Luc, Eleonora, no Red.

— No, red, cow, red, cow[1] ! »

La Bahianaise me désigne du doigt avec une expression de terreur, comme si je venais de me transformer en gros taureau costaud, fulminant du sabot, bavant du chicot. Brutalement, je comprends. Nous traversons des troupeaux cornus ; or mon bandana est rouge. J'en déduis brillamment que la jeune femme craint d'être chargée par les bêtes et transformée en brochette de tapas. Devrais-je apprendre à toréer avant même d'être passé en Espagne ? Non. Les bovidés poursuivent leur rumination sans un battement de cil. Soit ils sont sous Prozac, soit ils sont amish, soit mon *red* est bien gris dans la mouillasse.

L'alerte *red* passée, nous poursuivons la progression à tâtons sur un mamelon humide, pataudes, pataugeant. Les sacs mal chargés nous déséquilibrent. La montagne déglutit, pète des craquements d'orage, rote des grondements sourds.

Des ombres surgissent du brouillard et nous cernent. C'est un commando de quatre *peregrinos*

1. « Rouge, rouge ! Attention, rouge, rouge !
— Mon nom est Luc, Eleonora, pas Rouge.
— Non, rouge, la vache, rouge, la vache ! »
La traduction ne rend pas, hélas ! l'intensité dramatique du dialogue. (*N.d.A.*)

américains. Ont-ils été alertés par les *red, red* ? Ces jeunes sexagénaires sont superéquipés : téléphone portable, GPS, capes imperméables hypertech. Tout juste si leurs sacs ne sont pas gonflés à l'hélium pour soulager les épaules. Ils ont tous les gadgets mais pas de carte.

Moi, j'ai — enfin, j'avais — une carte. Le *Froggie*[1] que je suis exhibe de sa pochette ventrale un torchon pâteux et dégoulinant. Nous formons une conférence internationale d'urgence et nous penchons vers le respectable débris, avec la même ferveur que des explorateurs prisonniers d'une pyramide. Nous tentons de déchiffrer le papier détrempé dont les salvateurs points de couleurs se sont dilués telle une aquarelle sous la douche.

Je deviens malgré moi, carte en lambeaux à la main, le berger spongieux de cette procession fantomatique qui chemine dans un nuage. « Celui qui fait l'ascension des Pyrénées par la route des crêtes, croit pouvoir de sa propre main toucher le ciel », écrivait vers 1130 Aymeri Picaud, chanoine de Parthenay, auteur du premier *Guide du pèlerin de Saint-Jacques de Compostelle*. Que d'eau, Picaud ! Où est le ciel ? Peut-on sortir par le haut ?

J'émerge du gaspacho au col Lepoeder, où les Navarrais tendirent leur embuscade au comte

1. *Frog* signifie « grenouille » en anglais. Les Français sont surnommés *Froggies* par les Anglo-Saxons car ils sont coupables d'apprécier les cuisses de grenouille. En l'occurrence, vu l'humidité de l'air, ce surnom n'est pas déplacé ici.

Roland. Le sang cogne dans la tête. La neige est gris cendre sur les pentes. Les pas des légions de Trajan résonnent, se mêlent aux clameurs sourdes des pèlerins du Grand Moyen Âge et aux jurons des grognards de Soult poussant leurs canons. Trempé dedans, trempé dehors, j'hallucine.

Le col tue lentement ? J'ai perdu mon contingent international. Ouf, les Américains pointent leurs antennes et entament la descente radioguidée vers Roncevaux, à deux heures de marche. Toujours pas de Brésiliens en vue. Comme Bourvil dans les bains turcs de *La Grande Vadrouille*, je replonge dans l'ouate. Happe Eleonora qui titube.

« Luc, I'll never forget you, lâche-t-elle dans un soupir mélo.

— Me too, me too. »

Le compliment me fait rougir. Je m'empresse de masquer l'empourprement de crainte de réactiver sa « redophobie ». Elle s'appuie contre un rocher, tire une Bible-éponge de son sac, l'ouvre au hasard et murmure ces mots :

« "Comment pourrions-nous savoir le Chemin ?" Jésus répond : "Moi, je suis le Chemin, la Vérité et la Vie, personne ne va au Père sans passer par moi."

— OK, Eleonora, thank you, now we have to climb down the mountain... »

Cette catholique ardente, dont le mari tient un magasin d'objets pieux à Salvador de Bahia, a la main inspirée. Je prie que son pied le soit aussi car nous commençons une longue glissade vers Roncevaux, par des sentiers ravinés et gluants, dans une hêtraie moussue, pentue, mystérieuse, où ricane le traître Ganelon. Chaque tronc pourrait cacher un Navarrais sanguinaire. Aymeri Picaud en brosse un saisissant tableau qui me ressemble comme deux gouttes d'eau : « C'est un peuple barbare, différent de tous les peuples et par ses coutumes et par sa race, plein de méchanceté, noir de couleur, laid de visage, débauché, pervers, perfide, déloyal, corrompu, voluptueux, ivrogne, expert en toutes violences, féroce et sauvage, malhonnête et faux, impie et rude, cruel et querelleur, inapte à tout bon sentiment, dressé à tous les vices et iniquités. » Bref, mon portrait craché !

Eleonora vacille, dérape, se raccroche aux branches, s'affale contre un tronc dans des remugles de parfum musqué. « Salt, salt », réclame-t-elle, tremblante, en prenant son pouls. Tension trop basse, en zone rouge. Du sel, je n'en possède que sur ma peau.

« Please, give me your bag ! (*I ask.)*

— Noooooohhhh... (*Lamentation veloutée.*)

— I want. I can. Give me ! It's an order[1]. »

Sa protestation s'amenuise. Mon altruisme de façade n'a d'égal qu'un égoïsme foncier. Je n'ai aucune envie de passer ma première nuit péré-

1. « Donnez-moi votre sac ! (Je demande.)
— Nooooonnnnn...
— Je le veux. Je le peux. Donnez-le-moi ! C'est un ordre. »
La traduction sommaire ne rend pas, hélas ! la douce fermeté des propos. (*N.d.A.*)

grine à bivouaquer en apnée dans la forêt maudite, en recueillant les derniers soupirs d'une Brésilienne mystique. Je commence à en avoir plein les bottes, et le seul cor entendu pour l'instant est celui de mon pied gauche. Suffit ! Je saisis le sac d'Eleonora et me le colle en ventral. Il est si haut qu'un périscope serait le bienvenu. Schuss en aveugle dans le brumisateur. Le semelle-sur-boue, yeux bandés, sera à proposer au Comité olympique des sports de glisse.

« Ô mon peuple, ne crains pas. Il adviendra, en ce jour-là, que le fardeau glissera de ton épaule et le joug, de ta nuque », promet le prophète Isaïe (10, 27). Selon certains mystiques, la blessure la plus douloureuse du Christ durant la Passion aurait été le frottement de la croix sur son épaule. Pourquoi cette pensée, alors que les murs trapus d'une forteresse émergent des bois de brume ? Le château de Dracula ? Non, le monastère de *Roncesvalles* et sa collégiale gothique du XIIIe siècle. Fondé en 1132 par l'évêque de Pampelune, ému par le sort de tant de pèlerins victimes de la neige et des loups. L'un des trois grands hôpitaux de la chrétienté jusqu'au XVIIIe siècle, où l'on servit trente mille rations par an, soit une moyenne de cent par jour.

Je hurle :

« Eleonora, we are arrived, we are arrived !

— Oooooooohhh, thank you Lord, oooooooooohhhh[1]. »

1. « Eleonora, nous sommes arrivés, nous sommes arrivés !

Puis je bafouille, soulagé, parodiant d'Aboville après sa traversée de l'Atlantique à la rame :

« Nous n'avons pas vaincu les Pyrénées, ils nous ont laissés passer. »

Nous sortons de la forêt comme des primates juste après l'invention de la marche. Il est huit heures du soir. La jeune femme s'effondre en larmes, sa cape déchirée, dans les bras de deux solides gaillards qui guettaient à l'orée du bois. Ils la consolent en portugais, la portent jusqu'à l'auberge du Pèlerin, à cent mètres, l'allongent, au chaud, dans la salle de restaurant. La Dalton Inc. — les quatre Américains — y a réservé une suite confortable et fait ripaille. Deux, trois, quatre Brésiliens mâles entourent leur pâle compatriote. Ils surgissent de partout. Comte Roland, je suis cerné !

Ils sont cinquante Brésiliens, ce soir, à Roncevaux — un charter en provenance de São Paulo. Sans compter quelques dizaines d'Espagnols qui commencent ici, chez eux, versant spanish, le *Camino* — ce qui leur épargne la grimpette, pas bête.

« Nous chommes un peuple très relichieux, m'explique Taomirz, trente-cinq ans, ingénieur à São Paulo, sosie de Groucho Marx, dans un français chuintant. Paulo Choelho et chon *Pèle-*

— Oh, merci Seigneur... »
La traduction sommaire ne rend pas, hélas ! le mélange de plainte douloureuse et de plaisir extatique que recèle ce ululement. (*N.d.A.*)

rin de Compochtelle a popularisé le *Camino* chez nous. Il y a beaucoup d'émichions télévisées sur che suchette. Et pouis, ch'est plus éconoumique pour nous de marcher vers Chantiago que de pacher nos vacanches au Bréchil. »

J'arrive trop tard pour faire tamponner mon *credencial* * *del peregrino*, mais personne ne me demande rien. Les dortoirs de l'abbaye affichent complet. Soixante-dix marcheurs rangent leur sac, rédigent leur carnet de bord, préparent leur couchage et papotent en portugais, espagnol, anglais, allemand, néerlandais, français... Certains ronflent déjà. Je suis paumé dans ces combles humides où le linge étendu aspire les rares molécules d'air sec. Pas même un matelas. Zut. Je me couche sur le dallage, dans un duvet trempé (des ronces ont lacéré mon isolant), près de la porte des toilettes, et m'apprête à jouer la dame Pipi pour la nuit. Une parole de consolation m'est apportée, sans doute par un ange : dans sa bannette, une jeune fille chuchote avec son voisin. Des mots s'envolent et m'effleurent : « ... s'abandonner à la Providence... », « ... la louange ouvre le cœur... », « ... rendre grâce pour soigner la déprime... ». J'applique immédiatement l'ordonnance de la mystérieuse messagère.

Je louerai donc, ce soir, pour la boîte de thon ouverte en solo dans un rayon de soleil inespéré, alors que les Brésiliens et les Amerloques s'empiffrent à l'auberge du Pèlerin ; pour les trois buts à zéro d'une certaine finale de Coupe du monde de football qui me vengent de ne pas avoir de *colchón* (matelas) ; pour cette traversée des Pyrénées, fameuse épreuve initiatique, opérée sans trop de casse ; pour la première ampoule, crevée à la va-vite car j'ai honte d'exhiber mes faiblesses.

Dans quelques instants, quand les chasses d'eau se tairont enfin, j'entendrai résonner, non le cor de Roland, le soir au fond des bois de Roncevaux, mais le « ronfloto del Camino », un esperanto de vibrations sonores. Est-ce une louange que Dieu, profitant du sommeil de Ses enfants ingrats pour les embrasser malgré eux, s'administre à Lui-même ? Ce chant en langue se pratique beaucoup dans les gîtes qui jalonnent le Chemin, où se forge la communauté pèlerine. Car le *Camino*, dit-on, est « une ville qui marche », *una ciudad que camina*. Ce soir, je préférerais être à la campagne...

Mesdames et messieurs, ce pèlerinage a commencé comme une balade digestive, s'est poursuivi en « opération rescue », *puis en «* red *survie », et s'achève dans la confusion d'une fourmilière bavarde où notre pèlerin, anonyme, ne trouve pas ses repères. Tant mieux puisqu'il doit se désinstaller.*

Je lui susurre cette consolation du prophète Jérémie : « C'est sous la tente que vous habiterez toute votre vie, afin de vivre de longs jours sur le sol où vous êtes des étrangers. » Comme d'habitude, il n'écoute pas ce qui vient d'en bas.

L'humidité n'instille pas l'humilité. Mon maître a les chevilles qui enflent, ce soir, et la vanité — savourée dans l'intimité — d'être le Rambo de Roncevaux. Il a aussi les Zorteils en feu mais il est trop fier pour le montrer.

À l'arrivée, mon prince a regardé la mini-ampoule qui orne ma trogne avec dédain et mépris (l'exclusion commence dans le regard). Puis l'a percée avec un soupir d'exaspération — en fermant les yeux car il est sensible derrière ses faux airs de gros dur.

*Maintenant que nous sommes à pied d'œuvre, puis-je vous rappeler, en cette minute culturelle quotidienne, que le pied est à l'origine de l'homme ? Cette huitième merveille du monde comprend vingt-six os, dix-neuf muscles, trente-trois articulations, cinquante-six ligaments, cinq cents vaisseaux sanguins et cinq cents terminaisons nerveuses. « Partie terminale des membres inférieurs de l'homme pouvant reposer à plat sur le sol et permettant la station verticale », définit l'*Encyclopædia universalis. *Or, sans la verticalité, il lui aurait été impossible d'utiliser son cerveau. « L'espèce humaine commence par les pieds, affirme Leroi-Gourhan, même si la majorité de nos contemporains l'oublie et pense que l'homme descend de sa voiture. »*

2

Bain de boue à Larrasoaña

Roncevaux – Pampelune (40 km)

« Et nous nous mîmes à parler comme si notre intimité datait de très, très longtemps... »

Anton Tchekov, *Le Duel*.

« Tu feras ton chemin de la largeur de tes épaules. Il te sera donné la grande facilité de porter souvent le sac des autres, d'être au bord des routes comme une fontaine et tu aimeras les étoiles. »

Jean Giono, *Le Grand Troupeau*.

Pas bien dormi cette nuit, Monsieur Pipi. Deux obsessions, mûries durant l'insomnie : trouver un matelas, ce soir, et semer les Brésiliens. Prendre une longueur d'avance sur le charter pédestre, le mille-pattes multicolore, sympathique mais bavard.

Aussi, tôt, très tôt, je m'échappe vers Burguete. Cinq heures du matin, aube verte et promesse. Sentier pâle dans une forêt mouillée, pépiements légers, senteurs d'humus. Des poulains hennissent et s'ébrouent, maladroits sur leurs longues pattes, dans une prairie noyée de brume bleue.

La lampe torche accroche un panneau : « Compostelle, 787 km. » On n'y est pas encore... Villages basques, maisons d'opérette, basses et larges, à pignon, volets de couleur. Le chemin est une coulée de boue qui monte, descend, à travers bois et pâturages. La fange suce, colle, aspire. Il faut arracher chaque pas à la terre ventouse. L'avantage des Psaumes, c'est qu'on y trouve toujours une parole de circonstance : « Yahvé, tire-moi du bourbier, que je n'enfonce [...]. En ta grande tendresse regarde vers moi. » (Ps 69, 15-17.)

Ma douleur est moins dans les heurts que dans l'humiliation de n'être rien. Mon maître ne m'a jamais regardé comme une partie de lui-même, mais comme un appendice anonyme et superflu. Je n'existe que lorsque je le fais souffrir. Alors seulement, il se penche vers moi et m'accorde sans tendresse les soins que j'espère depuis longtemps. Aussi, je ne me prive pas de le torturer lorsque me transperce la trop vive souffrance de ne pas exister. Chacune de ses marches au long cours m'offre l'occasion de lui rappeler le cœur oublié de sa foi chrétienne : les plus petits seront les premiers à entrer dans le Royaume ; chacun a sa place dans le Corps, et celui-ci ne peut s'épanouir pleinement lorsqu'un seul est méprisé.

À Viscarret, dans un café minuscule baptisé *Chez Juan*, la patronne ressemble à Mme Mim, la sorcière très laide de Merlin l'Enchanteur. La femme-bouledogue surveille d'un œil rogue la mastication d'un *peregrino* accoudé au bar. « Compostelle, j'en rêve depuis quatre ans, explique ce frère d'ornière prénommé Xavier, jeune retraité originaire de Bayonne, un sandwich épais comme une batte coincé entre les dents. Une sorte de nécessité intérieure. J'ai voulu le faire en voiture, puis en vélo. Finalement j'ai choisi les pieds, en prenant mon temps. C'est la vraie démarche, je crois. Décrocher au moins quatre semaines pour n'être plus qu'avec soi-même. » J'opine du bonnet, en manduquant aussi.

On recensait cent vingt pèlerins à Compostelle en 1982 ; vingt-cinq mille en 1997 ; cent mille pour l'année sainte en 1999. Certes, la majorité d'entre eux ne rejoignent le *Camino* que pour les cent derniers kilomètres. Mais ils sont de plus en plus nombreux, ces marcheurs du Grand Chemin, qui partent du Puy-en-Velay, de Vézelay, de Paris, ou encore d'Arles. D'où vient cette douce « folie Saint-Jacques » qui nous a gagnés ?

Du plus profond de ta mémoire, mon maître ! Ce Camino, *tu l'as dans la peau, il est inscrit dans tes gènes. Cette trace y fut gravée par les millions de pas de tes ancêtres marcheurs qui charrièrent leur action de grâce ou leur pénitence de malandrin sur ce sentier. Il fait partie de ton histoire enfouie.*

J'imagine d'ailleurs, dans ton sillage, l'ombre de l'un d'entre eux : Luco El Panard, ton aïeul, qui pour payer ses dettes de jeu et purger ses ivrogneries fut condamné à marcher, marcher jusqu'à la fin des terres, jusqu'à l'expiation de sa peine... Invisiblement, il t'accompagne, le bougre, puisque la succession des siècles n'est plus pour lui qu'une fulgurance instantanée.

Splouitch, splatch. Dans la combe aqueuse, Xavier me précède à vingt mètres. « C'est le Vietnam sans les mines », lâche-t-il. Le bâton est précieux pour sonder la draille, contourner les fondrières. Je mâche des prières, hache des Ave Maria, les assaisonne malgré moi à la sauce Prévert : « ... Je vous salue Marie, pleine de... Gare, j'enfonce !... pauvres pécheurs... oh, un passereau-flûtiau... Et à l'heure de notre... merde, ça coule dans les grolles ! » Mon chapelet voltige, tombe à terre. Le boulier marial est aussitôt absorbé par le magma liquide.

Vingt-sept kilomètres et huit heures plus tard, hosanna à Larrasoaña, je suis un homme de boue, sur les genoux. Il est quatorze heures, nous franchissons en titubant *el puente de los bandidos*, le pont où les bandits détroussaient parfois les pèlerins au Moyen Âge. À l'auberge du village, une jeune naine sert en chantonnant des piments frits à la table commune où déjeunent des ouvriers du bâtiment, au parler râpeux, et deux Singapouriennes, fragiles poupées de porcelaine, qui font en voiture *the road of Santiago*. Deux mondes se côtoient, le temps d'un repas, sans oser croiser le regard, s'observant tout en feignant l'indifférence.

Le gîte n'est pas encore pris d'assaut. Nous décapons les chaussures à la truelle et au jet d'eau, comme j'aimerais décrasser mon cœur de ses couches d'égoïsme. Xavier s'arrête ici. Je décide de poursuivre — le raz de marée brésilien devrait incessamment s'abattre sur Larrasoaña, et le bain de boue n'a pas soigné ma psychose. « Ajoute toujours, avance toujours, marche toujours, recommande saint Augustin. Qui n'avance pas piétine ! » Ma résolution de lenteur vole en éclats, pas celle de pèleriner seul. Je crois à l'alchimie de la solitude, elle permet cette confrontation avec soi-même que je ne veux pas fuir. Je crains aussi l'autosuffisance des groupes constitués, qui n'ont plus besoin de s'ouvrir à la rencontre fortuite. Je redoute surtout la force des liens.

Je quitte à regret Xavier, mon compère de gadoue. La marche silencieuse, quelques mots fraternels et pudiques ont tissé entre nous une complicité qui nous surprend nous-mêmes.

Mon maître est néophyte. Le Chemin lui apprendra vite que l'avenir n'est jamais ce qu'on prévoit ; que les groupes s'étirent et se délitent. Surtout il l'initiera, chaque jour, à l'apprentissage du passage, par la joie de la rencontre, la douleur de la séparation et la promesse des retrouvailles éternelles. « Enseigne à ton corps à mourir en marchant, conseille le sage Lanza del Vasto. Enseigne-lui pas à pas la nature de toute chose qui est de passer. Que toute chose désirable dise à tes yeux : je ne t'appartiens pas. »

« La Navarre, ça vous a pluie ?

— Boue-coup, merci boue-coup. »

Dialogue nul ressassé en moi-même, alors que j'égrène, à pas lourds, Zuriáin, Iroz, Zabaldica... Le sentier irrigue, du flot de ses pèlerins crottés, ces villages aux églises massives, qui semblent expirer de part et d'autre du río Arga. La carcasse lasse se laisse pousser jusqu'à Villava, banlieue populaire de Pampelune. Au bout du pont médiéval à six arches qui franchit le río Ulzama, le Chemin s'engouffre sous les voûtes hospitalières du couvent de la Trinidad.

Ouf, il reste un *colchón* dans ce *refugio* chaleureux de vingt places. Ce soir, la *Cosmopolitan Way of Compostelle* y réunit, entre autres, deux Varoises de cinquante-cinq ans à qui leurs mari et enfants ont offert un mois sabbatique ; Stefan, de Munich, qui veut « prendre de bonnes résolutions » alors qu'il aborde la quarantaine ; un couple d'Espagnols baba cool — l'homme ressemble à Moustaki, et sa compagne à Joan Baez — qui accomplit « un pèlerinage initiatique dans l'Espagne ésotérique » ; Ralph, trente ans, professeur en Caroline du Sud, et deux amies canadiennes éprises de vieilles pierres ; un couple italien, la quarantaine sportive, séduisante et pétulante ; Kiko, vingt-cinq ans, moniteur de ski à Andorre.

« Le *Camino*, c'est moins risqué et moins cher qu'un trekking au Népal, explique ce dernier, la casquette à l'envers, en se massant les mollets. Moi qui habite un pays grand comme une cacahuète, je peux y rencontrer des gens du monde entier. »

Chacun partage ses provisions, ses motivations et sa corde à linge. Seul Stefan, le jeune Allemand, participe ce soir à la messe paroissiale de Villava. J'avais oublié qu'on pouvait célébrer l'Eucharistie en quinze minutes, service compris.

« Les cieux proclament la gloire de Dieu, le firmament raconte l'ouvrage de ses mains. » (Ps, 19,2.)

Inutile de compter sur mon maître pour un quelconque apport culturel, même s'il s'enivre de belles paroles. Rappelons donc que l'homme marche vers un lieu sacré depuis qu'il est sur pied. Mon pacha n'est qu'une de ces innombrables fourmis pérégrines qui depuis l'aube de l'humanité, dans cet univers qui n'est que mouvement, cherchent en marchant et marchent en cherchant cet Absolu qui seul peut combler leur âme avide.

« De quelle nuit préhistorique date ce nomadisme ? s'interroge Georges Blond dans L'Homme, ce pèlerin *(Fayard). On n'en sait rien. Une vague intuition nous fait imaginer comme un errant l'Homme perdu dans l'obscurité spirituelle et morale après la Chute, et cherchant à retrouver, à la fois en lui-même et sur la Terre maudite à cause de lui, le Dieu de qui il tenait le souffle. »*

3

Astérix contre les moulins à vent

Pampelune – Puente la Reina (30 km)

« Où donc irais-je moi-même, poussé par mon insatiable besoin de routes et de prières ? »

Xavier GRALL.

« Qui cherche la vérité de l'homme doit s'emparer de sa douleur par un prodige de compassion, et qu'importe d'en connaître ou non la source impure ? »

Georges BERNANOS.

Oooooléé ! Dans les rues de Pampelune, le pèlerin s'entraîne à ne pas se faire encorner par les taureaux de la prochaine *feria*, en évitant les rétroviseurs des chauffards espagnols qui lui rasent les fesses. À moins qu'il ne soit déjà un corps glorieux, invisible, transfiguré par la grâce ? Non, pas encore. Il reste du chemin à parcourir.

J'esquive et je m'esquive, enfilant les Je vous salue Marie comme des mantras pour chasser les nostalgies. Les douleurs s'éveillent, les doutes pointent, les questionnements surgissent. Il faut se méfier du troisième jour. Le cordon ombilical est tranché mais la mélancolie rôde, le découragement menace. Le but paraît si lointain qu'il s'estompe ; les motivations qui ont façonné ce départ s'évanouissent. L'absence des êtres chers plombe le sac ; une acide absurdité corrode les résolutions les plus enthousiastes. Lu dans mon calepin, cet encouragement d'Ovide qui n'a pas pris une ride : « Malgré la force des chaînes qui te retiennent, va-t'en loin et entreprend un long voyage. Tu pleureras ; de ta bouche s'échappera le nom de l'amie que tu quittes et souvent ton pied s'arrêtera en chemin [...]. Continue, et force tes pieds à courir malgré eux ! »

Mon maître pensait-il s'en tirer à si bon compte et accomplir ce périple en sifflotant, mains dans les poches, guilleret itou tralala ? Il est en train de vivre le précieux apprentissage du manque qui retient de se suffire à soi-même. Nous travaillons aussi, les Zorteils, à lui prodiguer un peu de compassion pour lui-même. Il boitille, ses pieds ont gonflé, quelques ampoules le meurtrissent.

Une femme très douce le rassure : la Virgen del Camino *— la Vierge du Chemin —, patronne de Pampelune, vénérée dans l'église-forteresse de Saint-Sernin, l'une des mille et une merveilles de* *la capitale de Navarre, qu'il néglige puisqu'il lui faut passer pour apprendre à trépasser.*

Je fuis la ville et sa fébrilité affairée. Besoin de silence. Entre l'église romane de Cizur Menor et l'église gothique de Cizur Mayor, mon cœur balance, le chemin se faufile et ma mémoire se souvient. Sous les murailles de Pampelune, lors d'un siège en mai 1521, un boulet français brisa les jambes d'un jeune officier castillan du nom de López de Recalde. Ce joyeux drille ne brillait guère par sa piété ; il allait devenir, par la grâce de cette fracture, saint Ignace de Loyola, fondateur de la Compagnie de Jésus.

Mes ampoules produiront-elles pareille conversion ? J'en doute, lorsque j'injurie en moi-même un couple de cavaliers qui me double, au trot, dans une plaine de blé chevelu que le vent brosse, sans condescendre à saluer d'un *hola* le piéton poussif et poussiéreux que je suis, eux dont seul le fessier paraît sollicité. Pareil mépris me coupe les jambes, ô Ignace de l'Aïoli, mais n'est-il pas une projection de ma propre suffisance ?

Pardonnez à mon maître ce jeu de mots idiot, il ne sait plus trop ce qu'il dit, c'est la fièvre du Camino. *Ignace de Loyola est l'un des grands mystiques de l'humanité, un maître spirituel qu'on ne peut croiser aussi légèrement, ne fût-ce que parce qu'il a intitulé son autobiographie* Récit d'un pèlerin. *Pèle-*

rin, il le fut pour avoir sillonné de son pas claudicant les périlleux chemins d'une Europe bouleversée ; il le fut plus encore pour s'être laissé conduire par l'Esprit de Dieu sur des sentiers qui n'étaient pas les siens, jusqu'en des conversions imprévues. Il est l'inventeur de « retraites spirituelles », sources intérieures qui feraient sans doute plus de profit à mon maître que d'aller se disperser sur un chemin de fuite.

Ignace est aussi l'auteur d'une somme à laquelle se réfèrent encore les chercheurs de Dieu : Exercices spirituels pour se vaincre soi-même et ordonner sa vie sans se déterminer par aucune affection qui soit désordonnée. *D'accord, le titre est aussi alléchant qu'un rapport de la Cour des comptes, mais le contenu ne manque pas de sel. Il y recommande notamment de rester ferme dans ses choix et de n'opérer aucun changement quand les événements bouleversent ou que le doute ronge. J'avoue y puiser, Rikiki meurtri, de puissants réconforts.*

Cet ancien soldat resta militaire en esprit. Il passa du sabre au goupillon avec la même détermination, leva une armée pour la plus grande gloire de Dieu — les Jésuites — et la mena au combat tambour battant. Autant dire qu'Ignace n'était pas un rigolo. Mais ce général ne manquait ni d'esprit ni de cœur. Après avoir envoyé des missionnaires en Inde, il s'informait, par exemple, des moindres détails de leur existence. « Si cela était possible, j'aimerais savoir combien de puces les mordent chaque nuit », disait-il.

Un moine espagnol du nom de Barberano lui envoya un jour une lettre d'injures, lui repro-

chant de vouloir « réformer le monde entier, sans que personne ne lui ait confié cette mission ». Barberano conclut sa missive par ces lignes très chrétiennes : « Je voudrais voir brûler tous les jésuites, depuis Perpignan jusqu'à Séville. » Ignace, bon prince-sans-rire, répondit : « Jésus ! Vous dites que si cela dépendait de vous, vous feriez brûler tous les jésuites depuis Perpignan jusqu'à Séville. Moi, je vous dis ceci : je souhaite que vous, vos amis et tous les vôtres, non seulement de Perpignan à Séville, mais dans le monde entier, vous soyez enflammés, brûlés par le feu du Saint-Esprit, de telle sorte que tous, ayant atteint le faîte de la perfection, vous augmentiez ainsi l'éclat de la gloire divine... » C'est ce feu que j'implore pour mon maître si tiède.

Avec sa maison sur le dos, mon ombre difforme ressemble à celle du bossu de Notre-Dame. Je rentre ma protubérance et redresse la tête lorsqu'une vieille femme, vêtue de noir, me hèle sur le chemin empierré qui monte vers la sierra del Perdón à travers les champs verts :

« Tu vas seul ?...

— Solo, sí, con Dios », je réponds, très fier, en adoptant un port épique.

Ces quatre mots d'espagnol — je n'ai qu'eux, avec quelques termes usuels comme les indispensables *colchón* (matelas), *cerveza fría* (bière en bouteille), *cana* (bière pression), *vino tinto* (vin rouge), *la cuenta, por favor* (l'addition, s'il vous plaît) — sonnent comme une devise.

« Qu'Il marche avec toi, *peregrino* », lance la vieille.

Je l'ignore encore, elle sera l'une des rares personnes à me souhaiter *Buen Camino* en un mois et quelque neuf cents kilomètres de marche. Je n'entendrai jamais, à ma grande déception, le légendaire « Priez pour nous à Compostelle ». Sans doute les riverains voient-ils trop de pèlerins. Ils ne lèvent même plus la tête lorsque résonne le bourdon * sur le goudron.

L'un d'eux, pourtant, me dévisage longuement, à quelques mètres, alors que le sentier longe un centre de rééducation fonctionnelle. C'est un jeune homme d'une vingtaine d'années, les cheveux blonds bouclés, le torse athlétique. Son corps est bloqué dans un fauteuil roulant, ses deux jambes anémiées et tordues tombent, inertes. Je devrais le saluer d'un geste amical, d'un sourire fraternel, mais j'évite son regard, honteux, moi, qui ai bon pied bon œil — enfin, presque. Je file et balaie d'un coup, repentant, mes nostalgies d'enfant gâté.

On trouve dans les Exercices spirituels *d'Ignace de Loyola un conseil judicieux pour intégrer le corps à l'effort de prière, précieux aux moments de stress ou aux heures creuses. Je m'empresse de le suggérer à mon maître : « À chaque souffle ou respiration, on priera mentalement en disant un mot du Notre-Père ou d'une autre prière que l'on récite, de façon à ne dire qu'un seul mot entre un souffle et un autre. »*

J'entame l'ascension de la sierra del Perdón avec une légèreté presque allègre quand, peu avant le village de Zariquiegi, me dépasse en trombe un petit bonhomme haut comme trois pommes. J'éprouve soudain l'impression de faire du surplace, de pédaler dans le vide. Ce randonneur aguerri et bronzé, une calotte de coton sur la calvitie, deux podomètres à la ceinture, a la pêche — et la taille — d'Astérix qui vient d'avaler sa potion magique. Il se présente : « Zé souis Sergio, de Milano, soixantédix zans. Zé démarre dé Pampéloune, et zé dézà fait un bout de chemin il y a quelques années. » Il marche en tchatchant. Son débit est aussi véloce que ses gambettes. « Laisse, galope, Milanaise ! », ai-je envie d'ânonner.

« Cé pélé, zé l'offre pour mon paysse », poursuit cet homme vif-argent, à la foi profonde. Veuf depuis un an, Sergio évoque sa femme avec tant de ferveur et d'émotion que nous arrivons tous deux larme à l'œil au col de l'Alto del Perdón, à 780 mètres d'altitude. Là, en chœur et en pleurs, nous livrons au vent un hommage lyrique à nos absentes respectives.

Des éoliennes géantes vrombissent, filles de la brise agitant leurs bras effilés. J'imagine Don Quichotte chargeant les modernes moulins — et se faisant chasser par la population soudain privée d'électricité. Une dizaine de sculptures de fonte, silhouettes de pèlerins, symbolisent la troupe immense de nos prédécesseurs sur le chemin des Étoiles

Laissons-les reprendre souffle, et mes frères Zorteils reposer un peu. Une halte s'impose ici. Depuis mille ans, des millions de passants venus de toute l'Europe — elle existait au Moyen Âge, ce chemin de Foi en fut le creuset — se sont arrêtés sur cette crête austère. Ils ont contemplé, au fond de la cuvette de Pampelune, la herse des Pyrénées qu'ils venaient de franchir. Au-delà, très loin, palpitait le foyer qu'ils avaient quitté depuis des semaines déjà. Leur cœur a tressailli.

Puis, résolument, ils se sont tournés vers l'ouest, où le chemin s'infléchit désormais. Ils ont basculé, parmi les amandiers, les chênes verts et les oliviers, dans la plaine immense et sèche de Valdizarbe où s'alignent, le long de la route de Puente la Reina, les villages de Uterga, Murazábal et Obanos, puis, à l'horizon, les buttes de Arnotegui et Montejurra.

« Y desde aquí, todos los caminos a Santiago se hacen uno solo. » C'est à Puente la Reina — le Pont-de-la-Reine — que se rejoignent le chemin aragonais du Somport et le chemin navarrais de Roncevaux pour ne faire plus qu'un Camino francés *vers Santiago : le chemin des Francs.*

Le chemin des Francs ! Sans vouloir paraître chauvin, j'insisterai volontiers sur le *francés*. Il n'est pas quatorze heures, et le gîte de Puente la Reina (trente-quatre matelas sur des châlits métalliques à trois étages) est déjà complet. Un groupe de randonneurs espagnols, nouveaux venus arrogants aux chaussures neuves et aux mollets blafards, l'occupe bruyamment, faisant complaisamment savoir aux étrangers qu'ils sont ici chez eux. Comme disait Goscinny, « En été, l'Ibère est rude ».

Je comprends maintenant cette fièvre du *colchón* qui pousse de nombreux pèlerins à se lever dès potron-jacquet, à cinq heures, et à abattre leur étape ventre à terre pour atteindre les premiers le *refugio* suivant. C'est la course au matelas, le stress du dodo sur le *Camino* ! Surtout les fins de semaine, embouteillées par les baladeurs locaux.

Les *Normas de uso* des refuges précisent : « Les places sont occupées selon l'ordre d'arrivée des pèlerins. En fonction de la place disponible, la préférence va aux pèlerins à pied. » Oui, mais... d'abord ceux-ci sont nombreux en ce joli mois de mai. Puis, rien ne ressemble plus à un pèlerin à pied qu'un randonneur, puisque certains randonneurs se muent en pèlerins. Et qui prouve que le marcheur a accompli son étape sans le secours d'un moteur ? La bonne foi n'est pas la chose au monde la mieux partagée, même sur un chemin de foi. « Bref, sur le *Camino*, mieux vaut être jeune, rapide et en bonne santé que vieux, boitillant et malade », résume Sergio, un peu amer, qui ne trouve pas ces pèlerins très chrétiens.

Après deux heures d'attente et de palabres, à l'ombre du cloître de l'ancien hôpital, les *hospitaleros* annoncent qu'ils ne peuvent ouvrir l'école municipale pour la nuit car le directeur a besoin de l'autorisation du maire. Or le maire est introuvable : le maire de Puente la Reina a disparu ! *No puedo creerlo !* (Non, sans blague !)

Je prends mes cliques et mes cloques et vais chercher un *colchón* ailleurs. Dans cette ville bastide née tout entière du pèlerinage, un hôtelier malin a aménagé dans ses caves des dortoirs pour les exclus du *refugio*. Il en coûtera 1 500 pesetas (9 euros environ) — contre 200 pesetas (1,20 euro environ) au gîte — pour les mêmes grincements de sommiers et les mêmes ronflements. *¡ Hombre !*

Je soignerai la déception par la louange. « Le vrai miracle n'est pas de marcher sur les eaux ni de voler dans les airs, il est de marcher sur la terre », dit en effet Houeï-neng, sixième patriarche du Bouddha Zen. Je rendrai grâce, ce soir, pour le miracle des pieds, ces joyaux méconnus. Pour la jouissance exquise du délaçage, lorsque les moignons emmaillotés sortent de leurs tombeaux et se dilatent à l'air libre. Je louerai le Créateur pour mes orteils, ces nains qui servent si bien malgré quelques ampoules et me portent sans gémir, alors que je n'arrive pas à chasser le souvenir de ce jeune handicapé.

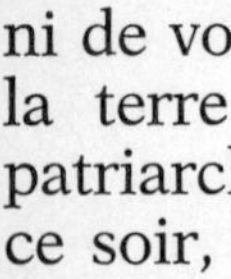

Vous avez entendu ? Mon grand vizir rend grâce pour ses pieds ! Je n'en crois pas mes zoreilles. C'est la première fois, alléluia, qu'il s'abaisse à notre hauteur ! Que proposer d'autre pour clore ce jour en paix que la louange du Magnificat, l'une des prières préfé-

rées des Zorteils ? Ce cantique fut inspiré à la Vierge Marie lorsqu'elle salua sa cousine Elisabeth après un long voyage. Elle portait en elle le Christ Sauveur, qui commençait, Dieu minuscule, son pèlerinage parmi les hommes. Il célèbre ses bienfaits pour les plus pauvres, sa miséricorde pour son peuple :

« Mon âme exalte le Seigneur, Et mon esprit tressaille de joie en Dieu mon Sauveur, Parce qu'il a jeté les yeux sur la bassesse de sa servante. Désormais tous les âges me diront bienheureuse. Le Tout-Puissant a fait en moi de grandes choses, et son Nom est saint. Sa miséricorde s'étend d'âge en âge sur ceux qui le craignent. Il a déployé la force de son bras ; Il a dispersé les superbes au cœur enivré d'orgueil ; Il a renversé les puissants de leurs trônes, et Il a élevé les humbles. Il a rassasié de biens les affamés, et Il a renvoyé les riches les mains vides... »

Je psalmodie l'action de grâce sur le *puente de los Peregrinos*, merveille romane qui franchit l'Arga de ses six arches aériennes en forme de bât, l'un des ponts les plus célèbres du Chemin. Je le foule pour m'imprégner de sa mémoire de pierre, alors que le ciel rosit sur Puente la Reina et que le crépuscule invite à la méditation.

Puis je me laisse attirer par l'église del Crucifijo, bâtie par les templiers au XIIe siècle, son portail sculpté par les tailleurs poitevins et bourguignons, son obscurité rassurante, sa fraîcheur bienfaisante, sa rondeur maternelle et primitive dans laquelle je me coule comme en enfance.

Dans le cœur du chœur de la sainte demeure, un crucifix allemand du XVe siècle, étrange croix en Y, est suspendu par deux chaînes. Le Christ y agonise, membres roides, bras écartelés, l'air doux, presque étonné sous sa couronne d'épines. Le Tout-puissant rendu impuissant. Cloué comme un papillon, Dieu ne peut même plus ouvrir les mains. « Suivre nu le Christ nu », disaient les ancêtres.

Monte aux lèvres la supplique de Xavier Grall devant le Christ jaune de la chapelle de Tremalo, à Pont-Aven, qui inspira Gauguin : « Christ, prends-moi, je n'en peux plus, j'ai marché, j'ai cru, je ne suis arrivé nulle part [...]. Viens, marche avec nous... »

4

Le cloître aux étoiles

Puente la Reina – Estella (21 km)

« La connaissance de Dieu sans celle de sa misère fait l'orgueil ; la connaissance de sa misère sans celle de Dieu fait le désespoir ; la connaissance de Jésus-Christ fait le milieu parce que nous y trouvons et Dieu et notre misère. »

Blaise PASCAL, *Pensées* (VIII, 527).

« Il n'est pas arrivé celui qui marche. Le pèlerin n'est pas un sage, n'est pas un saint, c'est un ami de la sagesse, un chercheur de sainteté. »

Joseph LANZA DEL VASTO.

Cette nuit, un pèlerin anglais, irrité par le concert des ronflements, quitte sa couche en catimini et va chercher un peu de calme dans une pièce voisine. Sa femme s'éveille quelques minutes plus tard dans la bannette du haut, découvre le bât vide avec un « Oh » très *disappointed* et arpente le dortoir obscur, fantôme courbaturé, en nuisette diaphane, soufflant des *Darling, darling, where are you ?* et dévisageant les dormeurs pour y reconnaître son bien-aimé.

Sa quête évoque irrésistiblement le Cantique des cantiques (3, 1-2) : « Sur ma couche, la nuit, j'ai cherché celui que mon cœur aime. Je l'ai cherché, mais ne l'ai point trouvé ! Je me lèverai donc, et parcourrai la ville. Dans les rues et sur les places, Je chercherai celui que mon cœur aime. »

Insomniaque, j'indique à la bien-aimée échevelée le chemin de son cœur :

« Your husband is outside, in the saloon, I presume.

— Oh, thank you, my dear. »

Elle disparaît dans le *saloon*. Comme elle ne reparaît pas, j'en déduis qu'elle a retrouvé son *darling* et un *cocoon*.

« La verge et le cœur sont des organes qui remuent d'eux-mêmes » notait, au IIIe *siècle avant Jésus-Christ, le philosophe grec Aristote. Il fonda à Athènes l'école philosophique du Lycée, où l'on conversait en se promenant. Ce n'est pas pour nous vanter, mais la civilisation occidentale fut ainsi enfantée par la marche à pied, dans les allers et retours animés de jeunes Hellènes à jupette, sous la houlette d'un maître magnifique. Nietzsche soutien-*

dra vingt et un siècles plus tard que la marche est la meilleure façon de penser, et Bergson élèvera la « promenade » au rang de méthode philosophique. C'était la minute culturelle de Rikiki Gnomon.

Les événements de la nuit nourrissent certains questionnements graves en cette aube guillerette : un être peut-il combler un autre être ? Qui peut véritablement satisfaire notre soif ? Suffit-il de marcher sur le chemin de Saint-Jacques pour recevoir l'illumination divine ou trouver la paix du cœur ?

« Tu nous as fait pour Toi, Seigneur, et notre cœur est sans repos tant qu'il ne demeure pas en Toi ! » Sur cette réflexion de saint Augustin, j'arrête ma monture à Cirauqui, village médiéval endormi sur un piton. Au sommet, le clocher de l'église San Román, au portail polylobé, accueille un nid de cigognes. Juché sur une patte, un volatile immobile et gracieux indique l'ouest de son long bec. Message bien reçu.

Je fais boire l'âne — votre serviteur — à la fontaine. Thérèse d'Avila, forte personnalité et mystique locale, affirmait : « Que nous le voulions, que nous ne le voulions pas, nous marchons tous, quoique en différentes manières, vers la fontaine de vie. Mais il n'y a, croyez-m'en, qu'un chemin qui y conduise, c'est l'oraison. Quiconque vous en indique un autre vous trompe. » Buvons donc, et prions.

Une femme, les cheveux gris au carré, les yeux clairs, le sourire doux, remplit sa gourde, sandales aux pieds. Elle n'est pas Thérèse d'Avila mais Ruth de Hambourg, soixante ans, partie à pied de la frontière allemande fin février, dans la neige.

« Dans la vie, marcher est une bonne façon de s'arrêter, dit cet ingénieur du son en riant, avec un accent charmant. Arrêter de courir, pour réfléchir et relire sa vie. Platon, le maître d'Aristote, prétend en effet qu'une vie qui n'est pas examinée ne mérite pas d'être vécue. La marche met de l'ordre dans les pensées. J'avance seule. Pour laisser faire le Chemin. Laisser agir en moi la beauté et l'Esprit. »

Elle murmure ces mots sages dans l'immobilité de ce matin lumineux, sur l'antique chaussée romaine, bordée de cyprès, qui descend du village ocre et s'enfonce dans les vignes en direction de Lorca.

Sur le pont médiéval à deux arches qui traverse le río Salado résonne l'avertissement d'Aymeri Picaud, dans son guide du routard médiéval : « Ne buvez ni toi ni ton cheval de son eau, car c'est une rivière meurtrière ! » L'aïeul reporter explique : « Sur le chemin de Saint-Jacques, nous rencontrâmes deux Navarrais, assis sur le bord, qui affûtaient les couteaux dont ils se servaient pour dépecer les montures des pèlerins qui buvaient de cette eau et mouraient. Nous leur demandâmes si elle était potable, ils nous répondirent par un mensonge qu'elle l'était ; nous fîmes donc boire nos chevaux, qui moururent immédiatement et que les Navarrais dépecèrent sur les lieux mêmes. »

Pour éviter pareil sort, Ruth et moi préférons une bière glacée à Lorca. Puis nous réépousons chacun notre solitude. *O beata solitudo, O sola beatitudo*, peut-on lire au fronton des abbayes.

Des dizaines de sacs à dos font la queue, dans l'ordre d'arrivée de leur porteur, contre le mur du gîte d'Estella. Celui-ci est assailli dès son ouverture, à midi, par une bande de pèlerins avides de prendre leur revanche après la déception de Puente la Reina. J'en suis. L'*hospitalero* n'a pas fini de déverrouiller la porte qu'il est bousculé par cette nuée de sales gamins adultes, en short et tee-shirt trempés, qui se ruent dans les dortoirs tels des mômes dans l'épicerie du village à l'heure de la récré.

Ô ma muse, tu chanteras la volupté de l'allongement et du dépliement, le chant du *colchón* et de son sommier qui grince, les délices de la courbature apprivoisée. Tu chanteras Estella, la « Tolède du Nord », amoureusement lotie par les rois de Navarre, lovée dans une boucle de l'Ega, découverte dans l'éblouissement du soleil de midi. Tu chanteras les effluves de la *trucha a la navarra* volés au soupirail d'une taverne, cette truite farcie au jambon que je ne dégusterai pas et que j'échangerai contre une boîte de thon à l'escabèche et une tranche de *jamón*[1]. Tu chanteras aussi la douche glacée du refuge, et tu te tairas, ô ma

1. Ne pas confondre *jamón* (« jambon ») avec *jabón* (« savon ») sous peine de faire des bulles en marchant.

muse, durant la sieste, pour laisser monter vers le Ciel le grand crescendo du ronfloto universel.

L'immense plaza Mayor s'emplit d'un coup, vers dix-neuf heures. Les enfants jouent et lèchent des glaces ; leurs parents, élégants, bavardent en fumant des cigarettes blondes. Le pèlerin se sent exclu de cette complicité. *Peregrinus* signifie « étranger ». Le pèlerin reste un séparé. « Nos pères ont confessé qu'ils étaient étrangers et voyageurs sur la terre. » (He 11, 13.) Dans la foule des sédentaires, les chemineaux se reconnaissent à leur démarche « ampoulée » de cosmonaute, leurs sandales d'où émergent des petons blêmes et fripés, leurs coups de soleil, leur regard décalé, légèrement illuminé, et ce sac plastique à la main où ils enfouissent les provisions du lendemain.

Dans le brouhaha convivial, Sergio, l'Italo-peregrino-turbo, téléphone d'une cabine ses impressions à la radio diocésaine de Milan, dont il est un animateur bénévole. « Les coquelicots sont plus rouges, lance-t-il, lyrique, dans sa langue chantante, les genêts sont plus jaunes, la lavande plus parfumée. Le vent caresse les champs de seigle. Sur le Chemin, tout est plus fort, plus intense ! »

Par une croisée romane du palais des rois de Navarre, une femme brune et gironde, à la poitrine nue, rose et lourde, une jupe de gitane drapant ses janıbes, me fait signe. Si, si, elle m'invite à monter. J'esquisse un geste de la main, équivoque, qui hésite entre le « Désolé, non merci » et le « J'arrive tout de suite ». Et je me fige, consterné : mon Esmeralda est une peinture, grandeur nature. Une exposition permanente est consacrée à Gustavo Maeztu, un artiste du début du siècle, dans les salles du palais. Sans rancune, rougissant encore de ma méprise, je vais présenter mes hommages à la tentation en deux dimensions.

L'une des toiles voisines représente un soldat — part-il au front ? En revient-il ? L'homme ému embrasse un garçonnet blond, sous le regard d'une mère fière qui retient ses larmes. Pas moi : le sujet déclenche mes lacrymales. Mes cinq enfants se mêlent au tableau. La séparation et la fatigue créent une vulnérabilité. La nostalgie se niche dans la faille.

Lu sur le livre d'or du *refugio* : « Journée difficile. Je dois retrouver force et courage. Aide-moi. À toi. » Pour qui cette supplique ? À l'Apôtre ? À Dieu ? Au bien-aimé ? Qui l'a lancée, dans cette ruche cosmopolite ? La jeune Strasbourgeoise, bloquée ici depuis trois jours par une tendinite (le fléau du *Camino*), qui tentera demain de reprendre la route ? « J'apprends l'humilité », confie-t-elle pudiquement, allongée sur sa couchette, au bord des larmes.

« Se vider de tout ce dont on est plein, se remplir de tout ce dont on est vide. » La plaza Mayor obéit à l'injonction de saint Augustin : elle se vide aussi subitement qu'elle s'est emplie, son petit monde aspiré par ses foyers comme l'eau d'un lavabo vers sa bonde. Sergio tire une photo de son portefeuille, l'œil humide : « Voici ma femme. Du ciel, elle prie pour moi, j'en suis certain. J'en vois les fruits. Un homme ne peut rien faire de bon sans une femme à ses côtés, même quand elle est invisible. » Sergio et moi nous retrouvons une nouvelle fois dans les bras l'un de l'autre, reniflant à qui mieux mieux, seuls au milieu de la *plaza* désertée. Que d'effusions, ce soir, à Estella ! Peut-être ne voit-on Dieu qu'à travers les larmes ?

« N'oublions pas que notre vie est pèlerinage vers la Maison du Père » rappelle le curé de San Pedro à la fin de la messe de vingt heures. Le pieux serviteur bénit six pèlerins. Mon voisin est un jeune paroissien simple d'esprit. Au baiser de paix, il me serre la main avec dévotion comme s'il touchait une relique. « Annoncez aux pauvres la bonne nouvelle du salut », recommande l'Écriture. Mais n'est-ce pas des pauvres qu'on la reçoit ?

Je rendrai grâce, ce soir, pour le don des larmes, la joie des fontaines et le chant des pierres ; pour les pauvres de cœur qui sont la Voie lactée et nous montrent le chemin du ciel ; pour le cloître de l'église San Pedro de la Rua et ses deux galeries, dont les arcs en plein cintre, appuyés sur des colonnes jumelées, ouvrent sur un jardin carré où s'écoule le lait pâle de la lune [1] ; pour ces bouffées de brise, vagues et

1. Le paradis n'est pas ici-bas. Ce cloître exquis est surplombé d'une route et d'un tunnel où s'engouffrent voi-

tièdes, chargées d'odeurs de fleurs inconnues qui caressent le visage comme un soupir amoureux

Sur la corniche, un poids lourd ne rompt pas l'état de grâce. Son rugissement se mue en vagissement de vagues sur la roche. Je crois entendre la mer baigner le cloître dans un clapotis d'étoiles. Les mots de l'historien Germain Bazin prennent une résonance particulière · « Quand un homme entre dans un jardin, que fait-il d'autre que de percevoir dans cette image de la nature, réordonnée par l'homme, quelque effluve de l'harmonie universelle, dont la vie urbaine lui a fait perdre conscience ? L'un est en quête de paradis perdu, l'autre voudrait retrouver l'âge d'or. Le jardin est bien né d'une nostalgie. Il est un refuge pour le rêve. Tout jardin est la rencontre du regret de ce passé et du désir de le restituer. »

Promesses tangibles de la Terre promise, certains lieux enchanteurs sont aussi difficiles à quitter que les êtres aimés.

Mon maître, incorrigible bavard, se rengorge de mystiques sentences, mais elles restent à la surface de son être telle l'écume de la vague. « Si tu as tout abandonné sans t'abandonner toi-même, tu n'as encore renoncé à rien, écrivit le cardinal vietnamien François Xavier Van Thuân, dans sa cellule de

---

tures et camions, ce qui ne facilite pas la méditation durant la journée.

condamné à mort — il y resta treize ans. Même si tu as quitté ta maison, même si tu t'en es éloigné de mille lieues, si tu continues à traîner avec toi "le vieil homme" et tous ses défauts, il aurait mieux valu rester chez toi ! Marche, marche sans cesse, sans rien concéder ! »

Marche ou crève ! Ultreïa ! Suseïa ! (Plus loin ! Plus haut !) s'écriaient les ancêtres pèlerins. Arrache-toi ! C'est tout le mouvement de la Bible depuis Abraham. Dès le commencement, le grand-père des croyants quitte Ur, en Chaldée, et mène les Hébreux de campement en campement vers la Terre promise. Cette très longue marche est aussi la nôtre puisque toute vie expérimente le mystère de la Pâque, le passage vers la Rencontre.

Quelques centaines d'années plus tard, Moïse tire les Hébreux d'Égypte, où ils sont réduits en esclavage. Pour aller où ? À nouveau dans le désert, lieu aride de la Révélation. « Le désert, c'est la grande déroute, écrit Thomas Merton dans Au cœur même du désert. *C'est là que Dieu fait palper à son peuple sa grande impuissance. Il lui fait sentir la faim, la soif, l'épuisement, l'angoisse de la piste perdue pour qu'il comprenne enfin qu'il faut tout attendre de Dieu seul. Le désert, c'est d'abord le lieu de la tentation, de la lutte, de l'épreuve filiale... Toi aussi tu connaîtras la déroute, la faim, la soif intérieure, Dieu te dépouillera, brisera en toi toute certitude humaine pour que tu saches que lui seul te tient lieu de toutes choses ici-bas. »*

5

Du pinard pour El Panard

Estella – Viana (38,5 km)

« Reste présent à toi-même et ne prends pas la fuite. »

Johannes TAULER.

« ... la petite peau extrasensible de dessous le pouce du pied — et les grands marcheurs la conservent sensible malgré les marches les plus dures —, ce petit endroit par lequel à mesure qu'on marche on prend connaissance ».

Jean GIONO, *Les Vraies Richesses.*

Ovide l'assurait il y a deux mille ans : « Mille soulagements à ta peine seront fournis par la campagne, par tes compagnons de voyage, par la longueur de la route. »

« Et par le vin d'Irache », aurait ajouté le poète s'il était passé devant la *fuente del vino*, à une heure de marche d'Estella, près du monastère de Santa María la Real, l'une des plus anciennes fondations bénédictines de Navarre.

Incrustée dans le mur d'une coopérative vinicole, la fontaine de pierre des *bodegas* d'Irache mérite le détour. Elle offre *gratis pro peregrino* un robinet d'eau, un robinet de *vino tinto* (vin rouge), un verre à pied sur la margelle pour déguster le breuvage, et cette invite : « Pèlerin, si tu veux arriver à Santiago avec force et vitalité, de ce grand vin avale un coup et trinque à la félicité. » Il faut le boire pour le croire. Deux fois plutôt qu'une.

Mon maître accepte ce qui est offert. Il obéit, il déguste, sans disguter, l'exilir egsguis, hips, la botion bagix, par Rikikix, qui se réband jusque dans ses Zorteils. Bême s'il est un beu tôt, sept beures du latin, et qu'il a le bentre bide puisque l'Espagnol roubille encore et ne sert bas de cavé avant neuf heures.

Le binard distille en son cœur des pensées d'amour et de réconciliation ; il trinque avec des Brésiliens et même des Ibères ! Buis il emblit sa bourde, car « le bin, c'est le sang du bèlerin ». Et hop, cul sec et gorge humide, bon baître s'offre un dernier berre bour la route, et chante avec Charles Béguy le boète :

« Puisqu'il est entendu que le bon pèlerin
Est celui qui boit ferme et tient sa place à table
Et qu'il n'a pas besoin de faire le comptable

Et que c'est bien assez de se lever matin... »

Le dopant d'Irache arrache. Il me propulse à six kilomètres à l'heure dans les vignes du Seigneur, où, exalté, je livre au bon Sergio — pour une fois à la traîne, il est resté sobre — quelques-uns de mes fulgurants progrès en espagnol : je ne confonds plus *hola* (« salut », répété environ trois cents fois par jour) avec *olé* et allô. Et hop, un petit gorgeon pour arroser ça, et hop, un autre pour soulager la gourde trop lourde, et hop, un autre parce qu'il fait une sacrée soif, et hop, un dernier à la santé de Luco El Panard, cet aïeul qui m'a transmis le gène de la marche à l'Étoile et aussi celui de l'entonnoir en pente.

« Eeeh, Sergio, attends-moi, j'ai pas fini... »

Le vin me plombe les jambes. L'Italien me double avec le sérieux d'un sprinter. Moi, un peu bourré, j'entonne ce refrain inspiré : « J'ai mis mes godasses dans les bodegas, *no digas bobadas* ! (vous plaisantez !) » Puis, je continue de partager mes découvertes linguistiques :

« Oooh, Sergio, mollo, *bibo el Camina*, euh, *viva el Camino* ! Sais-tu comment on salue un Espagnol après deux heures de l'après-midi ? On ne dit plus *bouénasse diache* mais *bouénasse tardèche*. En fait, te fatigue pas, suffit de dire *bouénasse*, c'est la sieste, personne n'écoute le *tardèche*. Et "merci", tu sais dire "merci" ? *Moutchasse graçillasse*. Ooooh, tu me suis, Sergiooo ? »

Il ne me suit pas, il me précède ; ses deux bâtons fendent l'air chaud avec la régularité métronomique d'un skieur de fond helvète. Je branche le pilote automatique et tente de rester dans le sillage de l'Italien, sur une piste blanche, craquelée, odorante. Elle serpente dans un damier vert, ondulé, soulevé par des mamelons naissants. Des ruines fières trônent sur les pitons sauvages. Dans ce parterre biblique, Sergio avance, altier, tel un prophète.

Non, je ne suis pas ivre, il y a bien une truite au fond de la *fuente de los Moros*, la fontaine citerne des Maures. La voûte de cette merveille gothique du XIIIe siècle, en plein cintre, repose sur une colonne centrale geminée. Un large escalier de pierre descend jusqu'au niveau de l'onde. Le poisson prouve sa pureté. Le soleil ne pénètre jamais dans cet antre frais. Je m'agenouille, m'allonge et immerge dans l'eau immobile mon crâne vide où résonne un grand gong, bouillant comme s'il venait d'abriter le *big bang*. La truite doit faire une drôle de tête en apercevant la mienne (surtout à l'envers). Pendant que je dessoûle, Sergio module une antienne grégorienne. Le chant se répercute sous l'arche. Sa vérité me pénètre : *Media vita, in morte sumus* (« Au milieu de la vie, nous sommes dans la mort »). Serait temps de se réveiller.

Ce brutal rafraîchissement d'un crâne surchauffé précipite des alliances de mots : trucha, concha ; concha, conque... *Oui, mon maître, le chef plongé dans son baptistère, alors que le tympan lui cogne, se souvient d'un après-midi de juin dans le Rouergue sauvage, où il découvrit, après une dégringolade céleste par un tunnel de verdure, les toits du village de Conques cachés dans leur faille, sur le versant vert et bistre de sa gorge.*

Des pas hésitants et émerveillés sur des pavés anciens les avaient menés, lui et son fils Jean, âgé de quinze ans — ils marchaient depuis Le Puy-en-Velay, dans une silencieuse complicité —, par des ruelles d'ombre jusqu'à l'église Sainte-Foy. Ils avaient débouché sur la place de la basilique, et là... Stupeur et bégaiements. Le tympan du jugement dernier les avait saisis. Une lumière chaude caressait la pierre du grand portail et révélait les portraits saisissants de ces personnages qui les représentaient. Des millions de pèlerins s'étaient découverts devant ce chef-d'œuvre de la sculpture romane du XIIe siècle et devant le Juge suprême. Ils avaient fait comme eux.

Parmi la foule des pénitents expiant leurs excès, mon maître avait distingué un homme aux mains liées dans le dos, pendu par les pieds, tiré par les cheveux, en train de vomir sous le regard sarcastique de diablotins truculents. C'était l'ivrogne qui recrachait le vin dont il avait abusé sa vie durant. À la vue de cette purgation, mon maître s'était abîmé dans certaines méditations.

Le purgatoire ? « Devenir en vérité ce qu'on avait à être », disait le sage... N'y a-t-il pas dans la démarche pèlerine un pressentiment de cette obligation, une recherche de purification, une quête inconsciente d'expiation même si nous avons congédié le Sauveur en voulant abolir le péché ?

Coup de pompe en quittant la fontaine des Maures, après ces ablutions profondes. On relance péniblement la *máquina* dans un décor de western, soleil de plomb fondu sur la *cabeza*.

Le guide du pèlerin annonce « un vide prodigieux, entre Villamayor et Los Arcos, avant-goût de désert, meublé seulement, de loin en loin, de bergeries et de *despoblados* ». Un Brésilien obèse, avec des lunettes comme des loupes, murmure en s'épongeant le front : « On est fous, on est tous fous. Vous aurez bientôt besoin de moi, et moi le premier ! » Il est psychiatre à Rio. Chaud divan !

L'esprit est vide, la chair à vif. Frères Zorteils, comment prier dans la fournaise ? Reprenons la louange d'Azarias au milieu des flammes : « ... Ô vous, feu et ardeur, bénissez le Seigneur ! Chantez-le... » (Dn, 3, 24.) L'oraison des pieds en feu. « Avancer à petits pas d'amour », disait Marthe Robin.

Robert, soixante ans, Québecois lyrique et souriant, perd son ombre sous le soleil de midi en pénétrant dans Los Arcos. Il quête un peu de fraîcheur dans l'unique nef de l'église Santa María, qui allie avec une grâce subtile le roman, le gothique plateresque et le baroque. Ce professeur de maths à Montréal a entendu l'appel de Saint-Jacques à la télévision, en regardant un reportage voici trois mois. Il a demandé *illico presto* un congé sabbatique. Le pèlerinage, chez certains, est un besoin pressant.

On quitte Los Arcos, la « ville des Juifs », par un chemin rectiligne et poudreux qui, avant de se perdre dans une plaine blanche, sans limite, longe le cimetière. Le pèlerin décrypte à son fronton : « Moi qui fus ce que tu es, Tu seras ce que je suis. » Poussière, tu redeviendras poussière...

La piste frémit, écrasée de chaleur. Du miroir tremblant qui semble la couvrir émerge une silhouette. C'est un homme vêtu d'un costume sombre, la tête rentrée dans les épaules, la cigarette pendante aux lèvres, des cernes noirs sous des yeux écarquillés et fiévreux, le cheveu rare et noir, lissé en arrière, une large mèche collée sur le crâne. Un doigt pointé vers le ciel il s'avance, et André Malraux — je l'ai reconnu — grommelle d'une voix caverneuse de fumeur de gitanes, d'un ton solennel, les dernières lignes de *La Condition humaine* : « Chacun souffre parce qu'il pense. Tout au fond, l'esprit ne pense l'homme que dans l'éternel, et la conscience de la vie ne peut être qu'angoisse. Il ne faut pas penser la vie avec l'esprit mais avec l'opium. » J'ajouterais volontiers, André, si vous le permettez : « Avec l'opium et le vin d'Irache. » Ou mieux encore : « Avec l'élixir de la prière. » Celui-ci permet en effet de voir l'homme et le monde avec le regard de Dieu, ce qui est tout à fait réconfortant quand on vient de s'arrêter devant un cimetière et de croiser, dans un instant de délire, un illustre revenant de la guerre d'Espagne.

À Torres del Río, l'église octogonale du Saint-Sépulcre est coincée entre les maisons du village. Dans cette perle romane de pierre blonde d'influence *mudejar,* je quitte Sergio. Nous nous embrassons fraternellement sous la coupole étoilée dont les nervures s'entrelacent comme des branches de palmier. Elles nous enseignent l'art de l'adieu : chaque bandelette de pierre saute d'un chapiteau à l'autre sans revenir au précédent. « Au paradis, nous nous reverrons au paradis ! » lance l'ami de Milan. Cette séparation est un déchirement. Mais je me défie des amitiés particulières, qui peuvent emprisonner.

Parlons peu, pensons moins, prions plus, et marchons sans nous retourner. Seul, donc, je poursuis vers Viana.

Non, pas seul. Dans la garrigue sèche, parmi les champs d'oliviers et les vignes vernissées, musarde un jeune homme chevelu, barbu, muni du bourdon et de la calebasse des anciens jacquets. Il a le nez cassé, le regard pétillant, un sourire sans dents. Son gilet en peau de bique découvre des bras tatoués. Je le dépasse après que nous eûmes échangé quelques mots. Il se nomme Antoine, vient d'Oloron, en Pays basque. Ce marin-pêcheur devenu routard marche à pas lents et insouciants, accompagné d'un petit chien noir, sans se préoccuper de la cavalerie de nuages sombres qui fourbit ses lances au-dessus de nos têtes.

L'orage projette son avant-garde sur le Barranco Mataburros, puis charge la forteresse de Viana. Je me réfugie en ses murailles, dans les ruines désolées de l'église San Pedro. Sa rosace, béante, ouvre sur la mêlée ténébreuse. Cet œil de cyclope lance des éclairs.

Mea culpa à la sortie de la messe du soir. À deux pas du tombeau de César Borgia, puissant cardinal italien qui fut prince de la ville, Antoine mendie dans une ruelle humide, de l'eau jusqu'à l'os. Le routard, privé de *credencial*, ne peut bénéficier de l'accueil du refuge. « Dieu ne nous jugera pas sur ce que nous aurons donné mais sur ce que nous aurons gardé », affirmait saint Ambroise. Je me débarrasse de mes remords avec des pesetas, mais certaines questions ne veulent pas me lâcher : comment reconnaître le Christ dans le pauvre quand on n'a pas le cœur du bon Samaritain ? Qui est le prochain ? Faut-il donner à tous ceux qui tendent la main ?

Entre le routard aventurier, le zonard chronique, l'exclu épuisé, le handicapé moqué, le sortant de prison esseulé, le marginal alcoolisé, mon cœur hésite et s'enfuit. Ce soir, pardon Seigneur, j'aimerais que la pauvreté du monde me fiche la paix. J'ai assez de problèmes avec la mienne. Ma honte me hante.

Antoine, rincé, trempé, souriant, me tire de ces ruminations et balaie mes scrupules :

« T'inquiète pas, mon frère, je trouverai bien un toit. S'il le faut, j'irai plus loin... »

Ce grand prince sans un sou, libre des contingences du bas monde, me rappelle l'histoire de l'homme sans chemise, dans un conte de Kormann : un roi faisait chercher dans tout son royaume la chemise du plus heureux de ses sujets ; quand il eut trouvé celui-ci, on s'aperçut qu'il ne possédait pas de chemise...

N'est-ce pas lui le pèlerin ?

Le nez au ras du duvet, mon maître peine à s'endormir alors que l'orage s'éloigne dans des craquements électriques. Antoine se dresse dans les remous de sa conscience morveuse, pouilleux et dépouillé comme Jean le Baptiste, le Précurseur, ce va-nu-pieds du Feu de Dieu. Il apparaît dans ses rêves et lui rappelle la parole de Jésus, rapportée par l'apôtre Matthieu, que mon maître fait tout pour oublier, celle-là même qui a converti les rikikis au christianisme : « Ce que vous avez fait au plus petit d'entre les miens, c'est à moi que vous l'avez fait. » (Mt 25, 40.)

Merci, Seigneur, pour ce caillou dans la chaussure. Sans Matthieu 25, l'Évangile ne serait pas trop une épine dans le pied. Sans Matthieu 25, mon maître se croirait presque un bon chrétien. Matthieu 25, cette sirène intérieure qu'il n'arrive pas à étouffer, conscient jusqu'à la douleur que la parole sans les actes n'est que du vent.

Merci Matthieu, merci Antoine, et bonne nuit, mon maître, si c'est possible.

6

Jésus de Navarrete

Viana – Navarrete (21 km)

« Savez-vous, monsieur, ce que c'est que de ne plus savoir où aller... ? »

Fedor DOSTOÏEVSKI.

« Ce n'est pas le chemin qui est difficile, c'est le difficile qui est chemin. »

Simone WEIL.

Je sais, on ne pose jamais cette question sur le *Camino*. On ne demande pas « pourquoi ? » à un *peregrino*. C'est entrer par effraction dans un jardin secret. La confidence se divulgue parfois, au fil de la marche, mais jamais ne se quémande.

Pourtant, je rebrousse chemin, ce matin, dans cette plaine de l'Èbre qui étincelle, lavée, rincée par les pluies de la nuit. Et vais demander à Antoine, le routard-jacquet, aperçu sous le balcon d'une grange en train de s'étirer, de la paille dans les cheveux :

« Pourquoi marches-tu vers Compostelle ? »

Il répond le plus simplement du monde, d'une voix cassée, avec un fort accent basque, en caressant son chien miniature :

« Je suis un routard, je ne sais pas où je vais. J'errais à Jaca quand une femme m'a accosté. Elle m'a dit : "Tu cherches une direction ? Va donc à Santiago !" Elle m'a offert le bâton, la calebasse, la coquille et m'a montré le chemin : "C'est là-bas !" Depuis, je marche vers l'Étoile. »

L'effet de mode ne suffit pas expliquer les 20 à 25 % d'augmentation annuelle de fréquentation sur le Camino. *Ni le renouveau de la randonnée dans un monde sédentaire où l'on se déplace beaucoup tout en ne bougeant pas ses fesses. Ni le besoin de fraternité dans une société individualiste. Ni celui d'aller lentement dans un temps qui va trop vite. Ni le désir de silence dans un monde de vacarme. Ni, ni... À vrai dire, nombre de pèlerins ne savent pas vraiment pourquoi ils partent, ni ce qu'ils cherchent. Une direction, peut-être, tout simplement ? À défaut d'une vie ayant un but, au moins ont-ils un chemin qui a un sens.*

Bien beau de sonder l'âme humaine et de refaire le monde, mais il faut regarder où l'on marche. Je rate une marque jaune et vais m'embourber dans les marécages de la *laguna de las canas*, une réserve naturelle de cent hectares aux portes de Logroño, parmi les oiseaux migrateurs. N'en suis-je pas un, drôle d'oiseau aux ailes ligotées ?

Je sors de ma réserve, crotté, pour goûter les figues de la *señora* Feliza. Cette vieille femme sans âge est attablée contre sa cabane-brocante-dépotoir qui borde le sentier, sous un parasol jaune usé et devant un énorme registre. Elle y consigne les identités des *peregrinos* qu'elle guette du matin au soir. Feliza ne sent pas le muguet mais appose sur mon *credencial* le plus beau *sello* (« tampon ») du *Camino* : « Feliza — Agua y Amor. »

Elle montre ses comptes : 124 pèlerins recensés en février ; 621 en mars ; 1 468 en avril. Elle parie sur 2 000 en mai ; 4 000 en juin. En juillet et en août, ils seront aussi nombreux que les pieds de vigne de la Rioja.

Avant de franchir l'Èbre sur le *puente de piedra*, le grand pont de pierre construit par saint Juan de Ortega au XIe siècle, je vidange deux ampoules qui clignotent sur le Rikiki, le petit orteil gauche. Ce ridicule bout de chair ne veut pas trouver sa place dans la chaussure. Il gâche mon insouciance par ses caprices de petit dernier. Dans l'antique rue Vieja, j'arrête de boitiller et bombe mon torse maigre lorsque j'entends un professeur expliquer à un groupe de gamins : « Regardez, voilà un authentique pèlerin, avec son sac, son bâton. Il vient sans doute de loin, il est sale... » Et il pue, pourrait-il ajouter sans mentir.

Logroño, hérissée de flèches, d'aiguilles et de clochers. François d'Assise, en passant, y aurait guéri un enfant. Sur la façade de l'église Santiago el Real, un colossal saint Jacques chevauche un étalon fougueux. Le géant fait rouler, sabre au clair, des têtes de Sarrasins grosses comme des barriques.

L'Apôtre serait apparu en guerrier, en 834, dans le ciel de Clavijo, village situé à quinze kilomètres au sud de Logroño. Abd al-Rahman II attaquait les troupes de Ramiro Ier. Celui-ci n'avait pas livré le tribut annuel de cent vierges dû par la Castille chrétienne au calife de Cordoue. Rahman et ses sbires venaient chercher leur impôt de chair fraîche lorsque l'apparition du « Matamoros » sur son cheval blanc galvanisa les chrétiens. Ils repoussèrent le sultan. Les vierges applaudirent très fort : elles avaient eu chaud. Cette victoire donna le signal de la *Reconquista*.

À l'intérieur de l'édifice, un Jacques pèlerin, statue de bois du Xe siècle, orne le retable, plus pacifique. Je préfère le Peregrino au Matamoros.

Les signes du ciel sont pour moi moins glorieux et plus liquides. Je m'essore sous les arcades de Navarrete, à sept kilomètres de Logroño. Les grandes eaux lessivent les galets de la cité médiévale et pentue. J'ai de la flotte plein les bottes, le Rikiki en insurrection. Alerte rouge. Du Guesclin reçut non loin d'ici une déculottée, en 1367, alors qu'il soutenait Henri de Trastamare contre Pierre le Cruel. Cette nouvelle me coupe les jambes. Une seule solution, la résolution : je m'arrête à Navarrete. Félix, l'ondulant *hospitalero* du refuge, propose en roucoulant une machine à laver et un séchoir automatique. Des arguments indiscutables.

Bocadillo (sandwich) partagé avec Patrick-Michael dans une gargote en attendant le soleil. Ce jeune Américain de Chicago vient de Fatima, par Santiago, et marche vers Roncevaux : « Cela me permet de voir les gens en face. » Patrick, les yeux aussi délavés que sa casquette, émerge de trois jours de pluie ininterrompue : « Pas toujours facile de dire : “Béni sois-tu Seigneur, que ta volonté soit faite !” » Il rit, les yeux plissés. Des fils d'argent s'enchevêtrent dans sa barbe rousse. Il porte un évangile dans sa poche de poitrine et un chapelet à la ceinture. Il confie son désir de fonder une famille et me demande de prier pour qu'il accomplisse toujours la *God's will*, la volonté de Dieu. « J'espère que les nuages vont me suivre pour te laisser le soleil », dit-il, généreux et encore humide, en s'éloignant sac au dos vers l'est, dans la plaine rutilante.

Les trois nefs de l'église paroissiale de l'Asunción (XVIe siècle) sont obscures. Il faut payer 100 pesetas pour que la *luz* soit. Une femme du village sourit dans l'ombre, glisse une pièce dans le minuteur. Et la *luz* fut ! Elle m'offre l'illumination. Le retable — l'un des plus beaux de la Rioja — éclate de tous ses ors. Je ne suis pas un fana de rococo mais je cligne des yeux, ébloui, estomaqué par cette conque, cette *concha* truffée de statues, de colonnes, de pilastres, d'anges roses et rubiconds. Les statues palpitent de vie dans leur niche. Saint

Jacques, au second balcon, ressemble à Clint Eastwood dans *Impitoyable*, avec son chapeau de cow-boy, prêt à dégainer. Pas assez de vocabulaire pour demander à la sacristine comment elle époussette ce nid à poussière.

Entre deux confessionnaux, dans une nef latérale obscure, une madone au visage d'albâtre, couverte d'un voile noir, pleure en silence son grand garçon dont le cadavre blême, blanchi de crachats, strié de marques sanglantes, repose sur ses genoux. Marie au pied de la croix, femme des douleurs, mère de toutes les mères crucifiées dans leur enfant. Impuissance apparente de la compassion. Envie de la serrer dans mes bras.

« Il est plus facile de prier de loin pour quelqu'un que de le voir souffrir à vos côtés », écrit, dans ses Lettres de Westerbork, *Etty Hillesum, jeune Juive néerlandaise qui mourra à Auschwitz en 1943 et raconte son itinéraire spirituel dans un livre qui ne quitte pas le sac de mon maître :* Une vie bouleversée. *« Aujourd'hui, mon cœur a connu plusieurs morts et plusieurs résurrections aussi [...]. Ici le tableau n'est guère brillant : vie de nomades, clochardisation, boue. Cet après-midi, j'ai visité quelques grandes baraques, certains mioches vous donnaient l'impression de mourir à petit feu sous vos yeux [...]. »*

Pourquoi je songe à Etty Hillesum, plongée dans ce camp de Westerbork, cet « enfer » de promiscuité et d'angoisse, alors que je croise du ras de ma sandale, si près du sol, le regard de la

Madone de l'Asunción, à Navarrete ? Sans doute parce que celle-là conclut le récit de son bouleversant pèlerinage intérieur par ces mots : « J'ai rompu mon corps comme le pain et l'ai partagé entre les hommes [...]. On voudrait être un baume versé sur tant de plaies. »

Au fond de l'église, un dard de soleil transperce l'unique vitrail, dans l'axe exact de la nef. Je me retourne, mystérieusement attiré par ce faisceau qui troue la noirceur. L'épée de lumière me touche de sa pointe entre les deux yeux.

Je ne peux retenir un sourire. Quel délire éso-téro-kitsch aurait tiré Paulo Coelho de cette fulguration ? Je m'assois dans une stalle et griffonne sur mon carnet, dans la lueur offerte, un pastiche express du prologue de son *Pèlerin de Compostelle*[1].

« Ébloui par le glaive de feu, je comprends soudain. Toutes les pièces du puzzle s'imbriquent, tous ces événements, anodins en apparence, qui m'ont guidé jusqu'à Navarrete, à cette minute précise de ma vie, dont le dernier

1. Dans *Le Pèlerin de Compostelle* (éditions Anne Carrière, Paris 1996), l'écrivain brésilien Paulo Coelho évoque la quête ésotérique d'un homme qui lui ressemble comme un frère. Celui-ci échoue à son ordination secrète comme Maître de la confrérie de RAM (R pour Rigueur, A pour Amour, M pour Miséricorde) car il aurait dû, par humilité, refuser l'épée qui lui était remise. Il est condamné à aller chercher cette épée sur « une vieille route médiévale connue sous le nom d'étrange chemin de Saint-Jacques ».

morceau est cette femme anonyme et mystérieuse qui m'a offert la *luz*. Elle aussi, bien sûr, fait partie de la confrérie secrète du grand RAMDAM (Réunion des Adorateurs du Métatarse et Dévots de l'Antéro-Médulaire).

« Serait-ce l'heure, enfin, de mon adoubement ? J'entends sous la voûte de l'Asunción la voix grave du Grand Rameur, mon Maître, qui m'appelle et vient m'initier au secret de la Voie : "Ô, descendant du vénérable Luco El Panard, je vais te nommer chevalier de l'Ordre du RAMDAM. Si tu veux être un petit Rameur, que ton épée ne retourne jamais dans son fourreau sans avoir fait trois petits tours... au service du beau, du bien, du bon, du bidon."

« "Raaaaaaaaaaaammmmmmmm." Un son grave, sourd, profond et totalement incontrôlé sort de ma tombe gastrique (*damned*, c'est la vengeance des *intestinos* contre les *bocadillos*). Je tends la main vers l'épée de lumière, mais à l'instant où je vais m'en emparer, le glaive solaire, lentement, très lentement, quitte mon visage pour aller frapper une boîte noire encastrée dans le retable de l'église, au milieu de l'autel. Il désigne ainsi, ô stupeur, le véritable Maître de l'Ordre cosmique qui demeure caché dans ce tabernacle voilé : Jésus-Christ, l'Homme-Dieu, anéanti dans le mystère irradiant de l'Eucharistie. Voilà le secret : Dieu réduit en miettes de pain. Mystère, j'en perds la tête.

« Le Maître se fâche soudain :

— El Panard, tu es vraiment nul ! Bon sang, tu devais refuser l'épée !

— Ô Maître, je suis confus, j'ai obéi bêtement. J'étais aveuglé...

— Décidément, tu ne comprendras jamais rien ! À cause de ta stupidité, il te faudra cheminer de nouveau.

« Saperlipopette, encore raté ! La Voix s'est tue, le Grand Rameur a disparu. Il doit être furieux. L'église de l'Asunción retourne à la pénombre ; Dieu se cache à nouveau dans sa nuit obscure. *Bloody hell*, c'est la cinquante-troisième initiation que je rate. Va falloir que je paie une nouvelle inscription, et que je continue de marcher sur la terre des hommes ordinaires en quête d'expiation et d'une épée inoxydable à déverrouillage centralisé. RAMDAM badabam merdam. »

Fini de rire. Radio Camino annonce l'arrivée de trois cents Brésiliens à Roncevaux. L'armée espagnole plante des tentes et demande des renforts. Ô Paulo, comment ta spiritualité édulcorée et ta morale de caméléon peuvent-elles drainer tant de monde ? Les voies de Dieu sont impénétrables. *Hosanna in excelsis*, Coelho.

Sur les trente pèlerins reposant cette nuit au refuge de Navarrete, cinq participeront à la messe du soir. Un pèlerin sur six, en moyenne, partage les offices proposés par les paroisses du Chemin. La plupart des marcheurs se méfient de l'institution ecclésiale. Beaucoup se sont bricolé une spiritualité sur mesure en piochant dans le self-service des « croyances » à la carte, avec dans leur Caddie des « valeurs » telles que détachement, sérénité, sagesse, douceur, compréhension, positivité.

Une sorte d'« esperanto spirituel », selon le mot de Pascal Bruckner, à l'usage des masses occidentales qui veulent bien suivre une petite diététique intérieure à condition que rien ne soit bouleversé dans leur vie. Il y a autant de similitudes entre ce bouddhisme lyophilisé et une authentique spiritualité qu'entre Paulo Coelho et Thérèse d'Avila, mais bon, on n'est pas là pour juger les cœurs, comme dirait mon maître, dont 80 % des pensées sont quand même des jugements expéditifs sur ses frères les hommes, et qui va devoir attendre un bon bout de temps, à mon avis, avant de recevoir son épée de charité.

Le chemin de Compostelle fut un chemin chrétien. Il est devenu un immense champ à évangéliser que ne touchera pas l'Église catholique si elle reste dans ses églises. À une ville en marche, il faut des apôtres qui marchent. Pour l'heure, les seules personnes qui, depuis notre départ, ont annoncé le salut de Jésus Sauveur à mon maître, qui en a bien besoin, ce sont deux Témoins de Jéhovah croisés à la sortie de Logroño ce matin et un catho américain qui fait le chemin à l'envers. Dieu les bénisse !

Le curé de l'Asunción est un jeune prêtre à l'aise dans son clergyman strict et ses baskets (basses quêtes ?). Son homélie est ponctuée de *caterpillar*, de *mujer*, de *bibina* et de fous rires. Après l'office, il convie les pèlerins présents dans la sacristie. Ferme la porte, ferme la *luz*, ferme la bouche, un doigt sur les lèvres. Il nous kidnappe. Cultive le suspense. Ouvre lentement deux immenses battants de bois sculptés qui couvrent un pan de mur. Puis appuie sur un bouton. Le trésor de l'Asunción se dévoile, illuminé, derrière une vitrine : crucifix, ostensoirs, évangéliaires, calices... Ors, argent, vermeil...

Que ferait François d'Assise, le *Poverello*, qui pria sur ce *Camino*, devant tant de richesses alors qu'Antoine le routard-pèlerin mendie au porche de l'église ? Il louerait Jésus de Navarrete et embrasserait son ministre. Celui-ci mandate en effet l'une de ses paroissiennes pour négocier un *credencial* auprès de Félix l'*hospitalero*. Et offre à Antoine, en attendant son précieux « passeport », un sandwich dans un café voisin. Son cœur est plus beau que son trésor.

« N'oubliez pas l'hospitalité, car c'est grâce à elle que certains, sans le savoir, ont hébergé des anges », recommande l'Épître aux Hébreux (13, 2). Assis contre le porche de l'Asunción aux côtés d'Antoine, mon maître caresse, songeur, ses orteils douloureux, poursuivant sa méditation par ces quelques lignes de Gilbert Cesbron : « Un chrétien qui a compris que chaque être disgracié, malheureux, malade, abandonné est non pas l'image, mais l'envoyé du Christ — et non pas son envoyé mais Lui-même —, celui-là vient de comprendre d'un coup le christianisme tout entier. Reste à le vivre, ou, comme la majorité des chrétiens, à le mimer, de bonne foi ou non. On trouve hélas plus de bonne foi que de foi en chrétienté... »

7

Les petites poules de la Calzada

Navarrete – Santo Domingo (37,5 km)

> « Être enraciné dans l'absence de lieu. »
>
> Simone WEIL.

> « Je suis le piéton de la grande route par les bois nains ; la rumeur des écluses couvre mes pas. Je vois longtemps la mélancolique lessive d'or du couchant. »
>
> Arthur RIMBAUD.

Il dit qu'il ne reviendra jamais chez lui. Sa vie, désormais, c'est la route. Roger, originaire de Seine-et-Marne, visage rougeaud, la cinquantaine ravinée, a fui sur le Chemin les querelles conjugales, la grisaille de la banlieue, les queues à l'ANPE, la peur des huissiers, les soucis de chaque jour, la crainte du lendemain... Il contemple cette campagne immobile qui rosit et prend la couleur de la piste où je l'ai croisé, peu après m'être émerveillé devant le portail du cimetière de Navarrete, aux voussures ornées de bâtons brisés, qui ne serait autre que le porche de l'hôpital de Saint-Jean-d'Acre, démonté et remonté ici par un maçon du pays. Assis dans les vignes de la Rioja, nous fumons en silence une Export « A », une clope québécoise — Robert, dans un élan d'ascèse, a arrêté de fumer et m'a refilé trois paquets.

Est-ce le Chemin qui fait le pèlerin, ou le pèlerin qui fait le Chemin ? Pas de réponse pour l'instant. Mais des routards deviennent pèlerins, et des pèlerins deviennent routards. Pour Roger, le chemin n'est plus un moyen, c'est une fin. La route chante comme une sirène. Il cède tout entier à cette fuite en avant. La marginalisation temporaire est adoptée comme état de vie. L'une des grandes ascèses du *peregrino* est de savoir s'arrêter.

Patrick-Michael a emmené la pluie avec lui. J'essaie sa louange — « Béni sois-tu Seigneur » — alors que le sentier, abandonnant les hommes et les villages, a subitement décollé, au pied de l'Alto de San Antón, pour embrasser les nuages et l'immensité de l'horizon. Les mots de la prière se calent bien sur le souffle du corps et le rythme des pas, en cette aurore préservée. La marche est légère, le sac ne pèse pas encore, Rikiki assoupi fait la grasse matinée. Les vignes bruissent de pépiements sous le ciel serein.

En état de grâce, je ne peste même pas quand je réalise avoir manqué l'embranchement de

Najera. Un tracteur me double ; sa plaque affiche LO.VE. J'exulte pour ces « clins Dieu » qui paraîtraient ridicules à un compère rationaliste, mais surgissent pour moi comme les délicatesses visibles de mon invisible Seigneur.

Une femme s'avance sur la route où je m'égare. Une voix masculine, grave et douce, émane de son ventre. Est-ce un messager du Grand Rameur ? Est-elle ventriloque ? Est-ce une réincarnation de maître Paulo ? A-t-elle mangé son mari ? Soudain, des sons jaillissent de sa bouche. *Aquí, por aquí,* dit-elle de sa voix de femme légèrement métallique, en montrant dans mon dos le chemin de Najera, capitale abolie de la Rioja, résidence des rois de Navarre aux Xe et XIe siècles, blottie contre des falaises sang de bœuf. *Por aquí, por aquí,* répète-t-elle, alors que la voix mâle poursuit son incantation au niveau du nombril. Je fixe son ventre, fasciné. Elle comprend. Et tire de la poche de sa blouse une radio miniature. Merci, Seigneur, pour Mme Poraquí qui n'a mangé ni son mari, ni l'ami Paulo, ni Robert le Québécois, que j'aperçois, là-bas, devant, sur le bon chemin, avec son chapeau de cow-boy et sa démarche de poète lunaire.

À l'entrée de Najera — en arabe, « le lieu entre les rochers » —, un long poème est inscrit sur le mur d'une usine. Ces lignes anonymes seraient l'œuvre du curé d'Hormillejas. Elles ont touché mon maître. Les voici :

« Poussière, boue, soleil et pluie
C'est le chemin de Saint-Jacques

Des milliers de pèlerins
Et plus d'un million d'années.
Pèlerin qui t'appelle ?
Quelle est cette force obscure qui t'attire ?
Ni le champ des étoiles
Ni les grandes cathédrales.
Ce n'est pas la bravoure navarraise,
Ni le vin de ceux de la Rioja,
Ni les fruits de mer des Galiciens,
Ni les champs castillans.
[...] Tout cela, je le vois au passage
Et ce m'est une joie de tout voir
Mais la voix qui, moi, m'appelle
Je la ressens au plus profond.
La force qui, moi, me pousse,
La force qui, moi, m'attire,
Je ne sais même pas l'expliquer
Seul Celui d'en haut le sait. »

Quelle est la force obscure qui t'attire, blonde Helga, quelle est la voix qui t'appelle ? Cette Allemande distinguée, âgée d'une cinquantaine d'années, déambule dans le *claustro de los Caballeros*, cloître filigrané du gothique flamboyant, perle raffinée déposée au cœur du trésor de Najera : le monastère de Santa María la Real. Helga est organisatrice de voyages à Cologne et marche depuis Saint-Jean-Pied-de-Port pour la deuxième année consécutive. « La première fois, je ne savais pas pourquoi. Cette fois, j'ai plein de raisons. Je puise des forces dans cette rencontre avec moi-même et avec l'Autre. Le plus difficile pour moi est de me séparer. Les liens d'amitié créés sur le Chemin sont puissants. Dès que je m'attache à quelqu'un, je m'oblige à le quitter. Et je pleure... » Je pars vite pour qu'elle ne s'écroule pas en larmes sur mon épaule qui n'attend que ça.

Derrière le monastère Santa María la Real, une rue large et escarpée se mue en ruelle pentue, puis en piste pourpre. Elle grimpe fortement et débouche sur la *sierra,* un plateau vert et rouge, strié de canaux d'irrigation. Un jeune gitan monte à cru un baudet lancé au galop. Il tire un âne par une longe et me dépasse dans un nuage de poussière incarnat. Les silhouettes de trois marcheurs en émergent. Ils n'ont pas cinquante ans à eux trois. Micha — un visage d'adolescent aux yeux lagon, une tresse de viking dans le dos, une couronne d'épines tatouée autour du biceps — et son ami Dick viennent de Hollande en stop, portant une guitare et un rat apprivoisé dans sa cage ; Nelson, jeune catholique américain, marche depuis Lourdes et veut aller à Fatima. Nous partageons l'eau vive de la fontaine de Los Romeros, à Azofra, vidée de ses habitants par la chaleur de midi.

Mon maître plonge les mains, les bras, la tête dans l'onde fraîche, s'en asperge le cou, le dos, en sueur. C'est un bonheur pur, frugal, élémentaire, sublime.

L'homme est prisonnier des fontaines, otage de quelques gouttes d'eau. « On croit que l'homme peut s'en aller droit devant soi, on croit que l'homme est libre... On ne voit pas la corde qui le rattache au puits, qui le rattache, comme un cordon ombilical au ventre de la terre. S'il fait un pas de plus, il meurt », écrit Saint-Exupéry, dans Terre des hommes.

Son Simoun a embouti une dune. Le pilote erre dans le désert. Alors que le soleil assèche en lui jusqu'à la « source des larmes » et l'espoir de survivre, un Bédouin surgit. Il se tourne lentement, aperçoit les prisonniers du sable qui agitent les bras sans pouvoir crier, leur offre la résurrection de l'eau.

Et l'aviateur écrivain compose cet hommage que même les plus grands pinardiers n'oublieront pas de sitôt s'ils ont un jour éprouvé la lente torture de la soif, comme mon maître en ce matin de mai :

« L'eau ! Eau, tu n'as ni goût, ni couleur, ni arôme, on ne peut pas te définir, on te goûte sans te connaître. Tu n'es pas nécessaire à la vie : tu es la vie. Tu nous pénètres d'un plaisir qui ne s'explique point par les sens. Avec toi rentrent en nous tous les pouvoirs auxquels nous avions renoncé. Par ta grâce, s'ouvrent en nous toutes les sources taries de notre cœur.

« Tu es la plus grande richesse qui soit au monde, et tu es aussi la plus délicate, toi si pure au ventre de la terre. On peut mourir sur une source d'eau magnésienne. On peut mourir à deux pas d'un lac d'eau salée. On peut mourir malgré deux litres de rosée qui retiennent en suspens quelques sels. Tu n'acceptes point de

mélange, tu ne supportes point d'altération, tu es une ombrageuse divinité... Mais tu répands en nous un bonheur infiniment simple. »

Le chemin — deux rails blancs autour d'un rail vert — ondule comme des hanches à travers les champs de blé frôlés par les doigts du vent. Dans un bois de chênes nains paissent des moutons évangéliques. Des Range Rover de la protection civile sillonnent la campagne ; leurs escouades pacifiques offrent des bouteilles d'eau aux marcheurs pour prévenir la déshydratation.

Souffle coupé, gorge nouée par la beauté, sur cette butte proche de Ciruena. Dans la plaine blanche et brûlante repose la cité de Santo Domingo de la Calzada. À bâbord, les derniers éperons enneigés de la sierra de la Demanda étincellent, à portée de main, dans l'air translucide. La louange jaillit : « En sa main sont les creux de la terre et les hauts des montagnes sont à lui ; à lui la mer, c'est lui qui l'a faite, la terre ferme, ses mains l'ont façonnée. » (Ps 95, 4-5.)

Domingo est le patron des travaux publics. Ce moine du XIe siècle avait établi son ermitage sur les bords de la rivière Oja. Ému par les souffrances des pèlerins qui la franchissaient par tous les temps, il entreprit la construction d'un pont sur le *río* en 1044. Puis d'une hôtellerie. Enfin d'une route. Celle-ci lui donna son surnom : la *calzada*, la chaussée.

La principale attraction de la cathédrale n'est pas le tombeau de Domingo, ceint d'un mausolée flamboyant en albâtre, dans le croisillon sud, ni le saint-sacrement, caché comme à son habitude dans un tabernacle discret, mais un poulailler décoré. Sur ce balcon fermé, à trois mètres du sol, picorent un coq et une poule depuis des siècles. Les volatiles sont changés deux fois par mois. Ils rappellent aux curieux, nombreux, le miracle le plus célèbre du Chemin, celui du « pendu dépendu ». Un jeune pèlerin, accusé injustement de vol par une servante jalouse — cette amoureuse éconduite se venge en cachant dans ses bagages des couverts dérobés —, est jugé coupable et pendu. La mort dans l'âme, ses parents poursuivent leur pèlerinage jusqu'à Saint-Jacques. Sur le chemin du retour, surprise : ils constatent que leur fils, encore pendu, est toujours vivant. « Santo Domingo me soutient par les pieds », explique celui-ci. Ils se précipitent chez le juge pour plaider sa cause et trouvent celui-là attablé devant deux volailles rôties. L'homme de l'oie se moque : « Votre fils est vivant aussi vrai que ce coq et cette poule vont se mettre à chanter ! » Les bêtes se dressent dans l'assiette et cocoricotent. Lui ferment son caquet. Bouleversé, le juge fait dépendre le jeune homme et pendre la méchante servante.

Ce soir, durant la messe célébrée par l'évêque, le coq chante au milieu de l'homélie. Peut-être juge-t-il le prélat trop bavard ?

Cette confidence reste entre nous, mais je vous livre le songe édifiant de mon maître durant la sainte Eucharistie : il se lève en catimini pendant l'office, se glisse subrepticement dans la cage à poules et tord le cou à l'insolent macho, le coq aux gros biscoteaux. Il rapporte la dépouille au refugio, *la plume, la découpe, la fait rissoler dans un fait-tout, en ajoutant des rondelles d'oignons, l'arrose de cognac et flambe le tout. Puis il noie la bête dans du vin de la Rioja, ajoute sel, poivre, couenne, ail, bouquet garni, lard, et laisse mijoter pendant qu'il va se faire couler une douche froide — de toute façon, il n'a pas le choix, il n'y a pas de bain bouillant et gargouillant, le* refugio *n'est pas un* parador[1].

Une heure plus tard, attirée par les senteurs exquises, une foule de pèlerins faméliques se presse autour du fourneau, reniflant, salivant. Mon maître, grand seigneur, se drape d'un paréo coloré, se donne un coup de peigne et les convie tous à sa table, dans la liesse. Il étend le silence d'un geste de la main, implore le Maître de tout bien de bénir le festin, et sert à cet aréopage international de frères exangues son coq au vin de la Rioja. « Ventre affamé n'a point d'orteils », dit-on chez nous. Alors que mon chef cuistot va piquer à son tour de la fourchette dans une cuisse pantelante et se consoler de tous ces bocadillos *avalés sur le pouce, la bête se dresse dans l'assiette et... cocorico !*

---

1. Les *paradores* sont des hôtels de première catégorie installés dans des monuments historiques et des sites exceptionnels, gérés par le ministère du Tourisme espagnol.

Pas de pot. Un nouveau gloussement lancé par le coq de la cathédrale tire mon maître de son assoupissement, interrompt le rêve gastronomique et la méditation transintestinale. Le prêtre est en train de lever une petite hostie blanche. C'est l'instant sacré de la Consécration. Ce n'est pas une volaille, c'est Dieu qui est vivant sur l'autel — et voilà bien le grand miracle qui devrait nous laisser à genoux pour les siècles des siècles. Amen.

Antonio, cordial Pampelunais de soixante ans, fine moustache blanche, me conte sa marche du jour dans un français parfait : « Il y a douze ans, j'ai fait le pèlerinage. Il faisait très chaud. Je passais devant une ferme quand un paysan m'a hélé et m'a proposé à boire. Je suis entré chez lui et nous avons trinqué. Ce matin, je suis passé devant cette même maison. J'ai frappé à la porte. Un homme m'a ouvert. Je l'ai reconnu sans mal.

"Tu m'as offert un verre de vin, il y a douze ans, tu ne te souviens pas ? lui ai-je demandé.

— Non, il y a tellement de monde qui marche maintenant... et douze ans, ça fait loin.

— Moi, je n'ai pas oublié. Aujourd'hui, c'est moi qui vais t'offrir à boire."

J'ai sorti une bouteille de *vino* de mon sac, deux verres, et nous avons trinqué. »

Face à la cathédrale, l'hôpital édifié par le saint de la chaussée pour les pèlerins pauvres est devenu un hôtel quatre étoiles pour les riches touristes. À l'entrée, sous les arcades, des couples élégants dégustent du champagne dans des flûtes dorées. Je ne les envie pas. Cette nuit, j'étendrai mon duvet dans les stalles de l'antique refuge de la calle Mayor, là où reposèrent autrefois mes pairs du désert. J'aurai goûté la saveur du *vino tinto* partagé, l'apaisement du Rikiki bandé, et chanté de nostalgiques couplets avec mes frères de route, accompagné à la guitare par Jean-Marie, costaud sentimental à la moustache brune, éducateur de rue à Sotteville-lès-Rouen.

Je n'échangerai pas mon bonheur contre toutes les étoiles du *parador*.

Moi, le Quasimodo que mon maître a soigné avec une compassion nouvelle ce soir, je ne cache pas mon béguin pour la jeune et jolie Etty Hillesum. Alors que celui-là roupille ferme, je songe à ce qu'elle écrit, le samedi 4 juillet 1942. Elle a dû marcher longuement la veille dans les rues d'Amsterdam, car les nazis viennent d'interdire aux Juifs d'utiliser les autobus : « Ce matin, je ressentais une paix, une sérénité, une certitude que je n'avais plus connues depuis longtemps. Et tout cela m'est venu d'une petite ampoule au pied gauche [...]. À travers les siècles, les hommes se sont éreintés, se sont meurtris les pieds à parcourir la terre du Bon Dieu, dans le froid ou la chaleur, et cela aussi c'est la vie. C'est une expérience de plus en plus forte chez moi ces derniers temps : dans mes actions et mes sensations quotidiennes les plus

infimes se glisse un soupçon d'éternité. Je ne suis pas seule à être fatiguée, malade, triste ou angoissée, je le suis à l'unisson de millions d'autres à travers les siècles, tout cela c'est la vie ; la vie est belle et pleine de sens dans son absurdité, pour peu que l'on sache y ménager une place pour tout et la porter tout entière en soi dans son unité ; alors la vie, d'une manière ou d'une autre, forme un ensemble parfait. »

Cette réflexion a quand même une autre teneur que les notes pseudo-mystiques de mon vizir ronfleur, n'est-ce pas ? Et cette révélation, grâce à un tout petit orteil...

8

Pour tout l'or de Belorado

Santo Domingo – San Juan de Ortega (50 km)

« L'homme pressé est toujours perdant. »

Livre des Proverbes.

« Demain nous chausserons les brodequins du drame, et ferons face sans joyaux aux grandes euphorbes de la route. Mais ce soir les pieds dans les sandales encore de l'enfance... »

SAINT-JOHN PERSE.

« Qui n'a pas vu la route, à l'aube, entre ses deux rangées d'arbres, toute vivante, ne sait pas ce que c'est que l'espérance », disait Bernanos. Le grand Georges aurait été moins lyrique s'il avait dû emprunter la N120 ce matin. Au menu du petit déjeuner, *asfalto y camiones*. Les poids lourds jouent à « frôle-piéton », giflent les marcheurs de leur souffle chaud et puant.

Le chemin ancestral est souvent sous le goudron. Un dixième de l'itinéraire total environ s'effectue en bord de route. « C'est comme la vie, il y a des tronçons pleins d'ennui et beaucoup de surprises », soupire en souriant Robert, le Québécois philosophe, qui lui aussi affronte la « Haine » 120. Nous sursautons lorsqu'un chapelet de « pèlerins » vététistes nous dépasse, trombe sifflante, dans un éclair fluorescent. Ils seront à Santiago dans trois jours à peine. Trop rapide à mon goût.

Quelle mystérieuse fascination exerce ce Chemin ? La pèlerinite est un virus puissant, et la Caminothérapie semble créer une sorte de dépendance. Des « accros », chaque année, se réinjectent une dose. Dans quel but ? « Quand on est bien, on y revient ! » semble être leur adage. Ce pélé est très « tendance » — « faire » Compostelle, n'est-ce pas se glisser dans une légende vivante ? —, pas cher et tellement sympa qu'on s'offre un tronçon de *Camino* chaque année.

Alors que je pénètre en Castille, à Redecilla, à tout petits pas, je songe à Jacqueline, croisée il y a deux jours sur les remparts de Viana. Cette pimpante retraitée, qui paraît sortir d'un institut de beauté, est partie du Puy en mars pour la troisième année consécutive. Elle a goûté, sans se départir de son flegme élégant, aux tempêtes de neige et à la solitude des refuges glacés de la *via Podiensis* (la voie du Puy à Ostabat). « Chaque fois, le chemin est différent. Les joies ne sont pas les mêmes, ni les peines », dit-elle, surplombant une campagne lustrée. La sexagénaire née à Quimper rêve, l'an prochain, de partir de son

Finistère natal pour rallier le Finisterre fatal. « Quelque chose me pousse, quelqu'un me porte », dit-elle.

Michel, un ami, l'a rejointe à Saint-Jean-Pied-de-Port pour tenter d'achever un périple entamé à Lille il y a cinq ans, interrompu à cause de graves problèmes cardiaques. Cet homme aussi bougon que rond, âgé d'une soixantaine d'années, absorbe vingt pilules chaque matin et progresse avec prudence. « Je peux faire un infarctus à tout instant. Pour moi, ce pèlerinage est un défi, peut-être le dernier de ma vie. J'aime passionnément la marche, les vieilles pierres, ces paysages variés, ces relations simples et authentiques qu'offre le Chemin. »

Jacqueline, apprêtée comme une chanteuse lyrique, prend soin de son ami avec une délicatesse maternelle. Elle évoque avec des vibratos dans la voix tous les courageux rencontrés : ce jeune Australien à la clavicule brisée, ce fier Irlandais aux orteils amputés, ces Brésiliennes épuisées boitillant sur leurs deux cannes, ce Français qui pousse sa femme handicapée dans son fauteuil roulant... « Fas-ci-nant, ce chemin est fas-ci-nant », répète-t-elle comme si elle parlait d'une thalasso ou d'une crème antirides. Quelque part, c'en est une. Mais faut-il renouveler ce « lifting » chaque année si l'on ne veut pas en épuiser les bienfaits ?

Mesdames et messieurs, une fois de plus mon bon maître ne voit pas plus loin que le bout de son pied. Certes, ce

Chemin est l'un des plus beaux GR du monde, l'un des plus longs, des plus sécurisés, des moins coûteux. Mais ce n'est pas seulement la passion des vieilles pierres ou des paysages bruts qui pousse ces foules nouvelles à emprunter la sacrée chaussée. Chacun de ces marcheurs répond à un appel qui lui vient du tréfonds de l'être et qu'un événement — un deuil, un accident, une mise en retraite, un licenciement, un divorce, parfois même la simple lecture d'un article dans une revue — réveille et rend lancinant. Cette voix lui susurre : « Lève-toi et marche. Prends avec toi tes soucis, tes peines, tes fardeaux et marche. Mets-toi en route. Tu n'es que de passage ici-bas. Marche vers la Vie qui t'est promise ! »

Rikiki me torture avec de tels raffinements que je cède à la tentation. Je m'affaisse dans un fossé, puis, avec la fébrilité d'un type qui aurait une bombe entre les orteils, je délace, déchausse, exhibe à l'air libre le bourreau minuscule, le terroriste malingre.

Je déguste le soulagement. Une marcheuse s'arrête et m'offre une banane jaune pâle sous un ciel gris. Et son sourire — mon esperanto préféré. « Ton petit orteil, c'est un chien noir », murmure la mystérieuse Helga, qui poursuit sa course, tout imprégnée de Paulo Coelho. Le chien noir symbolise-t-il l'adversité à combattre ? Ou le complice caché sous des oripeaux effrayants ? En tout cas, l'épée du grand RAMDAM me transperce le Rikiki.

J'achève les deux kilomètres qui mènent à Belorado en sandales, mes croquenots de torture pendant à l'armature du sac telle la dépouille des vaincus.

Vous venez d'assister à un hara-kiri du Rikiki, une mutilation volontaire, une mutinerie discrète mais efficace, seul moyen hélas ! de forcer le destin et de contraindre ce maître à la nuque raide, qui se croit tout-puissant, à un certain abaissement. Le compte à rebours est commencé...

À Belorado, vers midi, une vingtaine de pèlerins attendent l'ouverture du refuge. Il est installé dans l'ancien théâtre paroissial, accolé à la vieille église Santa María, à l'ombre d'une montagne coiffée d'un château et percée de grottes d'anachorètes. *Hola, hola*. On se salue d'un coup de tête. Dick et son rat sont là ; le garçon gratte sa guitare. Il a pris le car pour rejoindre ses copains.

Derrière moi tinte une *Marseillaise* électronique. Puis j'entends une voix mâle : « Oh, tante Ginette, comme tu es gentille de m'appeler... » Je me retourne. Un homme hâlé, béret sur la tête, barbe blanche et courte, assis contre le mur de l'église, parle dans un téléphone portable avec un accent chantant. « Tu sais, tante Ginette, je ne dirai plus jamais "bête comme ses pieds"... »

Ce type m'énerve avec sa tante Ginette et son téléphone cellulaire. Chaque jour, je croise des marcheurs soliloquant dans leur boîte noire, j'entends des sonneries derrière les bosquets, qui troublent la placidité des champs et le silence du vent. Certains progressent même l'engin à la main pour dégainer plus vite. Où débrancheront-ils si ce n'est sur cette draille greffée sur les étoiles et non sur les satellites ? Comment concilier cette prothèse qui prétend abolir la distance avec l'exigence pèlerine de détachement, cette expérience salutaire d'absence et de séparation ? Je savoure tant de ne plus être bousculé par l'intrusion du « bip-bip », d'être enfin déconnecté de la boîte vocale, du répondeur, de l'« Outlook », de la boîte aux lettres, de ces messageries qui nous lient, nous relient mais aussi nous ligotent, que j'excommunie sans pitié, de mon bourdon-goupillon, tous les pèlerins à portable. Et puisque j'en tiens un, là, à portée de grogne, le neveu de tante Ginette, je lui fais part de mon incompréhension.

Accroupi, l'homme au béret et à la barbiche m'écoute poliment. Puis, après un temps de silence, une large respiration, il dit d'une voix posée : « Tu vois, Luc, je marche depuis plus de quatre semaines. Je souffre beaucoup de la solitude affective. Avec ma femme, nous nous aimons depuis trente-cinq ans. Nous avons préparé ce pèlerinage ensemble durant des mois. Je l'accomplis en communion avec elle. Chaque jour, je branche le téléphone à midi moins le quart. Nous parlons. Je le débranche à midi et quart, jusqu'au lendemain. Bien sûr, d'autres membres de la famille m'appellent dans ce créneau horaire, comme tante Ginette. Pardonne-moi si cela te choque mais j'ai un besoin vital de ces relations. Je m'appelle Daniel... » Il me tend la main. Je la saisis, la serre, désarçonné, et lui demande pardon à mon tour d'avoir jugé si vite. Nous partageons nos provisions et un peu de nos existences.

Daniel a cinquante-sept ans. Ce protestant cévenol, coiffeur à la retraite, rêve de ce voyage depuis l'enfance. Il est parti d'Arles en compagnie de son ami Jean-Marie, petit homme sec et méticuleux qui réitère ce pèlerinage et lui montre la voie tout en marchant dans son ombre. « Mon grand-père était compagnon du devoir, raconte Daniel. Il n'a jamais pu aller à Compostelle à cause de la guerre. J'avais huit ans lorsqu'il m'a dit : “Tu iras à ma place, n'est-ce pas ? Dis, petit : tu iras ?” Cinquante ans plus tard, j'accomplis son vœu. »

Cet après-midi, en route vers Villafranca Montes de Oca par des chemins herbeux, des champs venteux et des villages désolés où même les panneaux *Se vende* s'écaillent sur des moignons de murs pâles, Daniel me raconte la transhumance qu'il accomplit chaque année dans les Cévennes. Il s'émerveille du « déséquilibre magnifique de la marche : chaque pas est une chute rattrapée ».

Nous en tirons de ferventes conclusions théologiques sur la Chute et le Salut, ce Dieu alchimiste qui transforme nos plombs en or, nos détours en raccourcis, nos péchés en grâces de miséricorde, et nos tombeaux intérieurs en sources de résurrection. Daniel me parle aussi, avec son verbe coloré et poétique, des hommes, des bêtes, des plantes, de la bouleversante beauté du monde et de la sagesse des pérégrinants :

« Luc, qu'avons-nous que nous n'ayons reçu ? »

La marche serait-elle une preuve de l'existence de Dieu ? En tout cas, l'homme est le seul animal à penser à Dieu. Et il n'a pu penser à Dieu qu'en étant homme, c'est-à-dire debout sur ses deux pieds. Et dès qu'il a eu deux pieds, il a marché vers Dieu.

Imaginons que l'histoire de l'Univers soit rapportée à une seule année. Le big bang *a lieu le 1er janvier à 0 heure, nous sommes aujourd'hui le 31 décembre à minuit. Les premières galaxies se sont formées en janvier ; en mai, la Voie lactée, qui nous indique aujourd'hui le champ des étoiles. Le système solaire est en place le 13 septembre. Sur Terre, les poissons apparaissent le 17 décembre, les dinosaures le 26, les fleurs le 28. Le premier homme aurait marché vers l'arbre de la Connaissance pour en voler le fruit défendu vers le 31 décembre à 22 h 15 min. Pour rattraper l'impair et ses désastreuses conséquences, Jésus-Christ marche sur notre terre à 23 h 59 min 56 s, jusqu'au Golgotha, et donne à chaque pas de chaque homme une dimension d'éternité. Trois secondes plus tard, Christophe Colomb foule le rivage de l'Amérique. Armstrong rebondit sur la Lune à 23 h 59 min 59,935 s, et moi, Zorteil microscopique, je marche vers Compostelle alors que résonnent les douze coups de minuit. Mais ne fallait-il pas cette longue, très longue évolution dont la sagesse émerveille pour parvenir à la perfection de la locomotion humaine ?*

Daniel fait halte avec ses amis, les deux Jean-Marie — le petit Astérix et le gros Obélix —, à Villafranca Montes de Oca, la « ville des Francs au pied des monts », dans une école miteuse transformée en gîte provisoire.

« J'ai levé les yeux vers les monts. D'où pourrait me venir le salut ? » chante le psalmiste. « Monte plus haut, il y a moins de monde », insiste le général. Le jacquet-bipède ne résiste pas à l'appel de San Juan de Ortega, et à ce défi au Rikiki : s'offrir, après une étape de quarante bornes, un supplément de dix kilomètres et une dénivelée de mille deux cents mètres — autant que Roncevaux. Mes pieds zélés piaffent dans les sandales ailées. Ultreïa, Suseïa ! Plus loin, plus haut ! C'est le cri pèlerin.

J'embrasse le neveu de tante Ginette, le cœur serré, puis file à travers les chênes et les pins des Montes de Oca, vers San Juan de Ortega, ce haut lieu du *Camino*. Cette abbaye fut bâtie vers 1150 par Juan de Quintanortuno, un disciple de Santo Domingo, sur un plateau boisé, au milieu des *ortegas* (du latin *urtica*, ortie), pour sauver les pèlerins des loups, des bandits et de la neige.

Montes de Oca, río de Oca, pazo de Oca... Oca, c'est l'oie. Le graphisme de la patte d'oie est-il à l'origine de celui de la coquille ? Il est l'emblème utilisé par les compagnons du devoir, bâtisseurs inspirés des merveilles du *Camino*. Une dizaine de rayons d'or s'éparpillent sur fond bleu, et cette patte d'oie — ou coquille stylisée — décore les bornes du chemin.

Après trois heures d'une grimpette radieuse et aérienne, Pèlerin des bois — c'est moi —, ivre de soleil blond et de vent doux, parvient dans une immense clairière, au milieu des pins et des chênes-lièges. La brise porte un carillon d'angelus. Il trouve une église, trois maisons, une auberge. C'est tout. C'est prodigieux.

9

Le *bug* de Burgos

San Juan de Ortega – Burgos (28 km)

« Celui qui croit tenir debout, qu'il prenne garde de tomber. »

1re Épître aux Corinthiens.

« *No hay caminos, hay que caminar. Se hace camino al andar !* (« Il n'y a pas de chemin, il faut marcher. C'est en marchant que se fait le chemin. »)

SAINT JEAN DE LA CROIX.

Padre Maroquín pousse vers moi une tasse de café. Son visage de paysan, buriné, tailladé, s'illumine d'un sourire qui m'éclaire. Il n'a pas laissé sa vie se balancer dans un rocking-chair. « Dans trois kilomètres, tu trouveras de l'eau », murmure le prêtre bourru en emplissant ma gourde. Il est six heures du matin. Nous ne sommes bavards ni l'un ni l'autre, et nous imprégnons du silence de l'aube.

José María Maroquín est une figure du Chemin. Il ressemble au lieu qu'il anime, cette église prestigieuse, bâtie au milieu des orties. À la suite de saint Juan de Ortega, ce prêtre se dévoue corps et âme pour les pèlerins. La veille, comme chaque soir après la messe, il a servi dans le grand réfectoire sa fameuse soupe à l'ail à une trentaine de marcheurs, sous les applaudissements. Puis tout le monde a partagé ses provisions.

Quand l'heure du grand passage fut venue, en 1163, Juan de Ortega, Jean des Orties, refusa d'être enterré dans le somptueux tombeau que lui avait dressé un comte de ses bienfaiteurs. Son catafalque roman demeure, cénotaphe au gisant d'albâtre surmonté d'un dais sculpté, posé au milieu de la nef. Il est vide. Juan préféra reposer nu sous une pierre nue, dans la crypte.

Dans l'église monacale conçue par l'ascète, plusieurs chapiteaux suscitent la méditation. Spécialement bouleversant, le triple chapiteau de l'Annonciation, de la Visitation et de la naissance du Christ. « Aux deux équinoxes de printemps et d'automne, explique *padre* Maroquín lors de sa visite de l'église, après la messe, tandis que le reste du temple est plongé dans les ténèbres, un rayon de lumière illumine ce chapiteau vers cinq heures. Il crée la merveilleuse impression que l'Esprit saint est en train de se poser sur le ventre de Marie. Ce lieu est loin d'être quelconque. »

Padre Maroquín est aussi prophète : à trois kilomètres de San Juan, alors que le plateau de silex bascule vers la plaine de Burgos, l'eau m'est offerte, en abondance, par des nuées obèses qui se soulagent.

Burgos, fais ton office. L'ancienne capitale du royaume de Castille ne se laisse atteindre — lointain objet du désir — qu'après une interminable traversée de ZUP, de ZAC, de ZIP, de faubourgs sales, étirés, qui n'en finissent pas. Sept kilomètres sur une allée de cactus. Un de nos enfants m'a posé cette devinette, déchiffrée dans un Carambar, juste avant mon départ : « Quelle est la plante qui ne s'écrase pas quand on marche dessus ? — Heu... — La plante des pieds, papa ! » claironna-t-il fièrement, mon petit chéri que j'aimerais presser contre moi alors que cette foule anonyme de badauds me dévisage comme si j'étais un lépreux claudiquant.

Faux, *señor* Carambar ! La plante des pieds s'écrase. La mienne n'est plus qu'une géographie douloureuse et pitoyable. Un incendie ravage les contreforts des orteils tandis que la plaine patauge dans le marécage aqueux d'une immense ampoule crevée. Le feu et l'eau. Je n'ai rien vu venir, dopé à la dopamine, soûlé par ma suffisance, enivré par l'orgueil des trop longues étapes précédentes. Trompé par le bien-être de la sandale aérée, je n'ai pris garde à l'échauffement d'une semelle abîmée. J'aimerais offrir ce spécimen d'ampoule au musée de l'Homme, en échange d'un bain de pied dans de l'azote liquide.

Le livre-guide insiste sur le « nombre incalculable de monuments dignes d'être visités dans la fière ville du Cid Campeador (de l'arabe *sidi* : seigneur) ». Seulement soucieux de mon pied gauche, qui est le nombril du monde, je me contrefiche de l'hidalgo. D'ailleurs, n'était-il pas qu'un aventurier avide, un capitaine âpre au gain qui servit tour à tour les chrétiens comme les musulmans, et non le chevalier élégant, le prince de la *Reconquista* que le poème épique *El cantar del mío cid* a inventé ?

Je me traîne cependant à la cathédrale Santa María, l'un des joyaux de l'art gothique espagnol, vraie choucroute de pierre, où trône l'incontournable tombeau du Cid et de Chimène. Après une lamentation expirée devant le Santo Christo, statue du Christ d'un réalisme impressionnant — tel que les jacquets croyaient que sa barbe poussait et que ses plaies suintaient du sang —, j'atteins, Zombie Ier, le refuge des pèlerins, situé à deux kilomètres du centre-ville (les brutes !), dans le parc d'El Parral.

Après les mystères joyeux, les douloureux. L'ascension aérienne vers San Juan, hier, est à des années-lumière de cette Burgozina chagrine et déprimée. En quelques heures, patatras. Il suffit d'un ridicule petit bout de chair enflammé, à l'extrémité de ma péninsule, pour déclencher l'effondrement. Le corps entraîne l'âme dans son naufrage. Moral à moins trente. La Voie lactée est une *via dolorosa*. Ses étoiles ont des épines.

« Le commencement de tout péché, c'est l'orgueil », affirme solennellement l'Écriture (Si 10, 13). Je ne veux pas

accabler mon maître, piteux et pitoyable, qui boite vers le refugio *en baissant la tête vers le sol après avoir croisé le regard du Cid, fier et conquérant sur sa monture de bronze à l'entrée de la ville, mais il a bien péché par suffisance. Au fond de tout être — et même des Zorteils — sommeille cette secrète préférence de soi.*

Comment chasse-t-on l'orgueil ? Par son contraire, l'humilité. Comment acquiert-on l'humilité ? Par l'humiliation. Or « il faut beaucoup d'humiliations pour faire un peu d'humilité », disait Bernadette Soubirous, la voyante de Lourdes, qui en avait eu son lot. La pire humiliation — la plus féconde — est celle qu'on ne choisit pas... Et moi, Rikiki Gnomon, je suis là pour ça !

« Lorsque je souffre pour les faibles, n'est-ce pas souffrir en fait pour la faiblesse que je sens en moi ? » s'interroge Etty Hillesum. J'ai croisé hier, près de l'ermitage aérien de la Virgen de la Pena, une Brésilienne qui avançait pas à pas, soutenue par deux cannes, *pietà* douloureuse dont le masque de souffrance se zébra un instant pour m'offrir un bouleversant sourire. Je ne l'ai pas assez plainte. C'est à moi de boiter, de présenter un visage déconfit. Je ne trouve en moi ni l'amour de sourire, ni l'humour de relativiser — je ne suis pourtant ni tétra, ni paraplégique, quand même, de quoi se plaint-on ! —, ni l'humilité de supporter le regard de pitié des passants. Comment faisaient les aïeux qui parcouraient souvent cinquante kilomètres par jour avec de mauvaises semelles de bois, ou même pieds nus ? Plus entraînés et moins délicats, sans doute.

Je m'effondre sur une couchette du baraquement-refuge, me tasse sur ma douleur, ressasse mon inquiétude : vais-je pouvoir poursuivre ? On ne compte plus les marcheurs rapatriés pour cause de tendinites et d'ampoules.

Je panse, donc je suis. Perce et badigeonne mes bubons de Betadine en faisant mes comptes : une journée modeste comme aujourd'hui avec ses vingt-huit kilomètres de marche représente environ cinquante-cinq mille enjambées et autant de frottements. J'essaye de calculer : s'il reste cinq cent cinquante kilomètres à taper des pieds jusqu'à Santiago et si j'effectue en moyenne trois pas pour un mètre, combien de fois poserai-je mes plantes fragiles sur ces plaques de four incandescentes que j'ai l'impression d'avoir dans les chaussures ? Deux cent mille fois ! Aïe, aïe, aïe ! Mon disque dur refuse l'information, il explose. C'est le *bug* de Burgos.

Si le Cid campait dehors, moi je campe dedans. « Il faut aimer doucement notre misère », conseille sainte Thérèse de l'Enfant Jésus. Je glisse ma dépouille dépressive dans le duvet. Avant de sombrer, lu ces lignes terribles de Carlo Caretto, tirées de *Au-delà des choses* : « Dieu n'est pas ce protecteur sûr que, dans notre foi, nous concevons aux dimensions de notre raison. Dieu est un Dieu sévère qui, pour guérir mon âme, est capable de m'écraser, et pour sauver un peuple du paganisme, n'hésite pas à le condamner à l'exil, à la faim, à la nudité. Dieu donne et Dieu reprend, telle est la vérité difficile à accepter quand on est habitué à un Dieu paratonnerre et thaumaturge. » Ouilletreïa !

Je ferme les yeux, j'éteins la lumière, j'appelle maman.

Rambo de Roncevaux n'est plus qu'un petit garçon qui pleure tout seul, recroquevillé dans son sac de couchage, sur sa dunette, avec un gros chagrin. Avant qu'il ne soit aspiré par le trou noir du grand sommeil, je lui souffle cette parole d'Emmanuel Levinas : « Les larmes sont l'ultime consentement d'un être qui accepte, enfin, de tomber en son humanité. »

*Moi, sans en être trop fier, je savoure ma revanche sur ce Cid de Normandie qui me méprise depuis quarante-cinq ans alors que je le sers avec une fidélité éprouvée. Je la savoure, malgré mes plaies, mes bosses et mes cabosses, en dégustant une chronique d'Alexandre Vialatte tirée de l'*Éloge du homard et autres insectes utiles *(Julliard) : « Le Cid dont je parle ici est le Cid de Chimène, le Cid Campeador. Il avait perdu une vertèbre. On l'a retrouvée entre les mains de M. Lorton, un industriel de Charlieu. En même temps qu'un métatarse de Chimène. M. Lorton les tenait de son arrière-grand-père qui les avait rapportés de Burgos à l'époque de la guerre d'Espagne. Tout le monde alors pillait le pauvre squelette du Cid. On l'avait pris pour une* *relique de saint. Un humérus était en Saxe et une rotule en Tchécoslovaquie. On a tout retrouvé, le crâne, les bras, que sais-je, le péroné et les petits os de l'oreille : l'enclume, le marteau, l'étrier. Le marteau était fragile, l'enclume était rouillée. Mais enfin tout fut rassemblé. Il ne manque plus que la vertèbre. M. Lorton ne veut pas la donner. Ni le métatarse de Chimène. Je l'aurais toujours devant mes yeux, exposé sur du velours grenat, avec une étiquette en ronde, et la date, et le nom en latin. La leçon des métatarses est une leçon grandiose quand elle vient de si haut et de si loin. J'écouterais dans le silence la voix du métatarse. Je l'emporterais dans ma poche. Je le montrerais à mes amis au restaurant. Je dirais : "Que reste-t-il des amours les plus belles ? Un métatarse qu'un nigaud donne à voir à trois imbéciles à la fin d'un dîner médiocre où le tournedos était trop cuit." L'homme n'est que fumée ; sa gloire, dit l'Écriture, se flétrit comme l'herbe des champs. »*

Non, vous n'avez pas rêvé, vous avez bien lu : « J'écouterais dans le silence la voix du métatarse. » Et cette consolation du prophète Samuel (1 S, 2, 8) : « Il relève le faible de la poussière et tire le pauvre du tas d'ordures. » À bon entendeur, salut.

10

La Meseta, désert compris

Burgos – Castrojeriz (40,5 km)

« Et que devient l'âme quand vos orteils vous accaparent ? Peu de chose en vérité. »

Bernard OLLIVIER, *La Longue Marche.*

« Nous sommes tous faibles, mais tiens-toi pour le plus fragile de tous. »

L'Imitation de Jésus-Christ.

« Lève-toi, prends ton grabat, et marche !
— C'est impossible, Seigneur...
— Marche ! »

La voix intérieure est impérative. J'obéis et remballe précautionneusement mes momies rougies dans leurs sarcophages non climatisés. Me dresse, bourdon en main, branlant comme un poulain nouveau-né. Palpe mes poches pour vérifier que mes biens sont à leur place, *credencial*, carte bancaire, pesetas... C'est nul, mais j'ai plus que jamais besoin de ces illusoires sécurités, de ce rassurement matériel alors que le moral tangue. En route.

J'ai l'impression d'avoir les langues de feu de la Pentecôte dans les godillots. Ça tombe bien : il est l'heure d'affronter la Meseta, l'immense plateau de Castille. Ce qui fut jadis le plus grand désert d'Europe est aujourd'hui un immense champ de blé. Il demeure le « désert » mythique du Chemin. La solitude y fouaille le pèlerin s'il se laisse étreindre.

L'Esprit souffle où Il veut, quand Il veut, surtout dans nos déserts, nos « mesetas » intérieures, lorsqu'on Lui abandonne un peu d'espace. Mon maître commence à se désencombrer. Si la prière est un « ineffable gémissement », selon le mot de saint Paul, il a prié cette nuit, peut-être pour la première fois. Il a gémi comme un petit, appelé au secours comme un pauvre, imploré de l'aide comme un enfant. Pas trop tôt.

Après un bon sommeil, je lui ai proposé au réveil le Veni Sancte Spiritus, *cette hymne de Pentecôte, invocation à l'Esprit Saint chère aux Zorteils, qui semble avoir été composée pour l'homme pèlerin : « Lave ce qui est souillé, baigne ce qui est aride, guéris ce qui est blessé, assouplis ce qui est raide, réchauffe ce qui est froid, rends droit ce qui est faussé... » Y a-t-il meilleure entrée en prière ?*

Quatre athlètes brésiliens multicolores me doublent, souples et dansants, le long de collines molles qui coulent dans la plaine tels des camemberts trop faits.

« Qué tal ? » (Ça va ?) demandent-ils gentiment, observant ma danse sur planche à clous de fakir débutant.

— Heu, qué tal, qué tal, muy bien, estupendo, no problem, moutchasse graçillasse... »

Consultée par télépathie, ma voyante attitrée, Luciana Adriana, la seule qui lit dans les ampoules et décrypte les lignes de pied, me rassure : « Ça ne sera pas sur du velours mais ça va marcher. Vous mettrez un pied devant l'autre, et vous recommencerez. Sans penser au pas suivant. Ne vous inquiétez pas pour demain, c'est un autre jour. »

Essayer de rigoler alors qu'on attaque la montée du plateau. S'appliquer le cataplasme des quatre résolutions de saint Bernard : « *Spernere mundum* : se moquer du monde. *Spernere ipsum* : se moquer de soi-même. *Spernere neminem* : ne se moquer de personne. *Spernere se sperni* : se moquer du fait que l'on se moque. » Et surtout ne pas s'arrêter. *Spernere, spernere,* c'est facile de *spernere* quand tout baigne, mais lorsque ça commence à coincer...

Bon signe, mon maître commence à rire de lui-même. L'humilité vient en riant. Car humour commence comme humilité et finit comme amour. Grâce à l'humilité, cet orgueilleux va apprendre qu'il existe non par lui seul mais aussi par les autres ; et grâce à

l'amour, il apprendra qu'il existe non pour lui seul mais pour les autres. Si le panard rit, nous sommes sur la bonne pente. À propos de pente, ça grimpe sec.

Qui a dit que les saints manquaient d'humour ? À Tardajos, nous franchissons le río Arlanzón sur le pont de l'Archevêque en saluant Thérèse d'Avila (1515-1582). Dans cette rivière versa le carrosse de cette Castillane de feu à qui Dieu, dans des visions, demanda de faire un grand ménage dans l'ordre du Carmel. Nombre de monastères étaient à l'époque davantage des salons mondains que des havres de prière. Thérèse ne se fit pas que des amis dans cette mission délicate. Voilà que s'ajoutèrent à ces soucis de fondation bien des péripéties de voyages. Et ce jour-là, elle est suspendue au-dessus du torrent Arlanzón. Pour éviter le pire, elle saute à l'eau jusqu'à mi-jambes et se blesse sur des roches. « Seigneur, cette entaille tombe vraiment à pic, alors là, bravo et merci ! » Dieu lui répond : « C'est ainsi que je traite mes amis. » Thérèse, qui n'a pas la langue dans sa poche, réplique : « C'est bien pour ça que vous en avez si peu ! »

Les religieux qui suivirent la grande Thérèse sont dénommés « carmes déchaux » parce qu'ils vont pieds nus dans leurs sandales — réforme que mes zaïeux Zorteils ont soutenu de tout leur poids, vous le comprendrez zaizément.

Question spiritualité, les femmes ont souvent une hauteur d'avance. Pour qu'il ne meure pas complètement idiot, je déniche pour mon maître convalescent le récit d'une extase que la grande Thérèse livre dans son autobiographie. Surpre-

nante analogie : ce qu'elle vit dans son âme, ne le subit-il pas dans ses chaussures ? Cette inflammation l'ouvrira-t-elle à d'autres horizons que son nombril ? « Je voyais près de moi, à gauche, un ange dans sa forme corporelle, raconte la mystique. Je voyais dans ses mains un long dard en or, avec, au bout de la lance, me semblait-il, un peu de feu. Je croyais sentir qu'il l'enfonçait dans mon cœur à plusieurs reprises. La douleur était si vive que j'exhalais ces gémissements dont j'ai parlé et la suavité de cette immense douleur est si excessive qu'on peut désirer qu'elle s'apaise et que l'âme ne peut se contenter de rien moins que Dieu. C'est un duo si tendre entre l'âme et Dieu que je le supplie d'en donner un avant-goût à ceux qui penseraient que je mens. » (XXIX, 13.)

Des milliers d'oiseaux piaillent dans les herbes courtes, arasées par le vent. De désert point, mais un champ sans limite dont le ciel est la plus vaste part. Une étendue immense, mouvante, mer verte qui s'ouvre et se ferme derrière moi. Les pas, comme des mantras, à l'unisson avec les battements du cœur.

« De Rabé à Tardajos, les peines ne manqueront pas. De Tardajos à Rabé, délivre-nous Seigneur ! » affirme un proverbe castillan. Moi, de Rabé à Tardajos, le Seigneur me délivre. La douleur s'absente un peu, anesthésiée par l'échauffement. Je savoure le vide, l'espace sans bornes, une certaine harmonie retrouvée, et surtout cette pensée réconfortante : je marche, je continue de marcher.

Non seulement mon maître, à sa grande stupéfaction, sent l'élancement refluer, mais un plaisir nouveau l'envahit. Il n'en croit pas ses Zorteils. Nous sommes bons princes. Lorsque nous morflons trop dans la godasse, nous envoyons un message au cerveau, là-haut. Le tissu cortical secrète alors des endorphines. Ces hormones sont de puissants analgésiques, de la même famille que la morphine. Elles saturent les synapses, empêchent les circuits neuronaux de coder la douleur. Et, hop, le tour est joué. Il y a même un bonus : des flux de neurotransmetteurs inondent le cerveau. La dopamine, la sérotonine, l'acétylcholine, trois sœurs plutôt électriques, se chargent d'exciter les centres du plaisir. Ils sécrètent alors une sorte de douce ivresse.

Mais il n'y a pas que les hormones à soutenir mon maître ! Avant de partir ce matin, il a trouvé dans son calepin d'or ces encouragements de Jean Lescuyer, pèlerin de Jérusalem qui en a vu d'autres : « Bon, je vais vous dire des mots difficiles à entendre mais, si vous les comprenez, ils pourront vous apporter un soulagement. Ne vous crispez pas sur la douleur, vous ne ferez que l'accentuer. Essayez au contraire de l'accepter avec la plus grande honnêteté, la plus grande ouverture possible. La souffrance elle-même peut devenir une clef. Dites à Dieu : "Fais que ma souffrance absorbe celle des autres personnes qui traversent les mêmes épreuves que moi. Fais que

1. Jean Lescuyer, *Le Pèlerin de Jérusalem* (Lattès, 2000).

ma souffrance consume celle des autres et que par là même elle me purifie." Non seulement vous donnerez un sens à votre épreuve mais vous en diminuerez l'aspect claustrophobique. Vous devez vous battre, mais ne soyez pas trop tourné sur vous-même : vous seriez obnubilé par votre maladie. Elle envahirait votre champ de vision sans vous laisser de répit. Penser aux autres vous donnera de l'espace. Cela vous aidera à guérir. »

Sur ce plateau de la Meseta, l'abbé Laffi, prêtre bolognais, chemina en 1673 dans une épaisse pluie de criquets. Il assure même dans son journal avoir trouvé un pèlerin mourant, dévoré par les sauterelles. Il le confessa, recueillit son dernier soupir et l'inhuma.

Il était une foi vers l'ouest ? La plainte d'un harmonica feule sur le chemin de craie qui descend vers Hontanas, village blanc comme une seiche. Ni Charles Bronson, ni Claudia Cardinale, ni personne, rien que Juan, un pèlerin portugais, aussi claudiquant que moi, dans la *calle Real*, où le vent soulève des trombes de poussière dans la brûlure de midi.

« En trois heures, j'ai vu seulement deux arbres, dit cet agent immobilier de Lisbonne, âgé de quarante-cinq ans, qui confesse aussitôt, les lèvres asséchées, assommé par l'austérité du décor poudreux : Je marche pour me retrouver. J'ai vécu des années à l'extérieur de moi, dans l'apparence. Je veux entendre ce qu'il y a en moi, au plus profond de moi. »

Juan n'est pas le seul. Pour beaucoup, le pèlerinage est une insurrection contre la fragmentation, la dispersion de leur vie. Quand elle n'est pas imposée par l'errance ou la pauvreté, la marche est une manière écologique de prendre de la distance. Une attitude réactionnaire dans une société sédentaire où les pieds n'ont plus qu'une fonction — appuyer sur l'accélérateur d'une bagnole — et où le piéton est « un automobiliste qui a réussi à se garer », selon le mot de Pierre Assouline.

Un diablotin, soudain, jaillit d'une porte de la *calle* et interrompt la réflexion. Un homme rond comme une barrique, avec un centre de gravité placé très bas, armé d'une cruche de vin munie d'un long bec. Il se poste devant nous et commence à verser le liquide dans sa bouche en cul-de-poule. Puis il remonte le filet sanguin sur le nez, le front et le sommet du crâne. Vitorino — c'est son prénom — est une fontaine à vin. Un cirque à lui tout seul, avec un numéro unique pour attirer le client. Dans son estaminet, des tables jonchées de restes de plats, d'os de côtelettes, de bouteilles vides laissent imaginer le festin qui vient de se dérouler à l'heure de l'Angelus. S'il fait son numéro à chaque passant, vu les milliers de clampins qui passent devant sa porte, dans quel état le bistrotier finira-t-il l'été ?

Dans la tanière de Vitorino, assis dans un coin d'ombre à un bout de table, un clochard arrache d'un os de côtelette quelques reliefs de chair et mastique en silence. Cet homme jeune et maigre, aux cheveux sales, longs, à la barbe rousse, semble en dehors du temps. Un étrange lumière, diffuse, l'auréole. Malgré l'odeur pestilentielle, les haillons crasseux, les pieds nus noircis, les poux sauteurs, il conserve une distinction d'un autre âge. L'homme mange d'un air distrait.

Le tenancier a-t-il aperçu cet hôte étrange, qui n'est pas Antoine le routard mais lui ressemble comme un grand frère ? Ni lui, ni mon maître. L'homme semble invisible aux yeux des hommes. Mais je reconnais aussitôt le saint patron des Gnomons. Comme les Zorteils, il ne paie pas de mine. Il se nomme Benoît-Joseph Labre. Le « saint hippie » est né à Amettes, non loin d'Arras, en 1748. Que fait-il à Hontanas, deux cent vingt ans après sa mort ? Dieu seul le sait. Lui a-t-il confié la mission d'accompagner les pèlerins d'aujourd'hui ? Ce fils de paysan, aîné de quatorze frères et sœurs, mènera une vie de pauvre pour se forger une âme de pauvre, dans un temps qui commençait à canoniser l'argent et à sacraliser le capital.

Ce contemplatif rêve d'être moine. Il essaye plusieurs chartreuses, sans succès. « Dieu vous attend ailleurs », lui dit un jour de l'an 1770 le prieur de l'abbaye de Sept-Fons. Benoît prend le chemin de Rome. Son cloître sera la route. Il édifiera sa cellule en lui-même. Le gueux de Dieu ne s'arrêtera plus de marcher en priant, de prier en marchant, sillonnant l'Europe à pied, enchaînant les sanctuaires comme les grains de bois du chapelet qu'il porte autour du cou. On le verra à Naples, à Bari, au mont Cassin, à Lorette, à Assise, en Suisse, en France, en Allemagne et jusqu'à Compostelle.

Il vit d'aumône, accepte ce qu'on lui offre, rend la pièce quand elle est trop belle, refuse le don quand il a déjà reçu, distribue à des frères de la rue son « superflu ». Après plus de trente mille kilomètres, les jambes trop lourdes et les pieds abîmés, il se fixe à Rome, en 1778, poursuivant son pèlerinage en vaquant d'une église à l'autre, dormant dans les ruines du Colisée, là où les martyrs furent crucifiés. Il ressemble lui-même tant au Crucifié que les Romains se retournent sur lui dans la rue en disant : « On dirait Jésus de Nazareth. » Benoît-Joseph s'éteint, épuisé, le sourire aux lèvres, sur les marches de l'église Sainte-Marie-des-Monts, au sortir de la messe, le mercredi saint 16 avril 1783, à l'âge de trente-cinq ans.

Le « petit saint français » ne sentait pas la rose de son vivant mais il meurt en odeur de sainteté. Celle-ci sera reconnue moins d'un siècle plus tard, en 1881. Sur sa tombe, à Amettes, ces mots gravés : « Le plus grand pèlerinage de Benoît n'est pas d'Amettes jusqu'à Rome, mais de la peur de Dieu à l'amour infini de Dieu. » N'est-ce pas le chemin de tout homme ?

Alors que mon maître sirote une bière dans le troquet de Vitorino, le dîneur invisible se lève, murmure quelques paroles d'action de grâce, saisit sa besace et s'approche de lui avec une extrême discrétion. Il s'agenouille à ses pieds et m'embrasse en me glissant ce conseil de vie : « Ressembler un peu plus chaque jour à Jésus. Ne pas s'encombrer de bagages inutiles. Ne pas craindre les détours. Ne jamais s'installer ici-bas. Ultreïa, mon p'tit gars ! » Puis il disparaît comme par enchantement.

Si les Zorteils ont eux aussi des apparitions, où va-t-on ?

Insolation, mirage ? Encore une vision ? À la sortie de Hontanas, deux jambes émergent d'un buisson. Ici gît une femme. Elle fait la sieste, le visage enfoui sous un bob crème. Je passe sur la pointe (douloureuse) des pieds, à quelques mètres. Mes contorsions de nain suffisent à réveiller la princesse. Elle se dresse, céans. Je fais donc la connaissance de Laurence, une blonde quarantaine, qui a laissé un mari et trois grands enfants dans un arrondissement chic de Paris.

Nous devisons en dévidant lentement la vallée du Garbanzuelo — littéralement, « le tout petit pois chiche », que j'ai l'impression d'avoir dans le crâne et sous la semelle. Au fil du chemin, Laurence, de santé fragile, partie avec un équipement luxueux, s'est peu à peu délestée pour ne conserver que l'unique nécessaire. Son sac pèse six kilos, elle n'en est pas peu fière. « On se charge trop, on emporte en double, par sécurité, dit-elle avec une voix flegmatique et distinguée. En fait, on a peur de manquer. Il faut trier, se séparer, s'alléger. C'est vrai pour le sac ; c'est vrai pour la vie. Le Chemin m'apprend à devenir minimaliste : je ne me détache pas, je m'attache aux justes choses. » La cape imperméable de cette élégante ? Un sac-poubelle percé d'un trou pour la tête. « Les jambes permettent aux hommes de marcher et aux femmes de faire leur chemin », disait Alphonse Allais.

Les réflexions de Laurence m'enchantent, et anesthésient un peu mes douleurs : « Le Chemin m'a enseigné deux mots : simple et sain. Et un secret : la confiance », dit-elle sous l'arche céleste. De l'ancien hôpital San Antón où les moines distribuaient des repas et des soins aux jacquets, il ne reste en effet que le porche aérien. La jeune femme a surnommé « saint-jacques » toutes ces jolies coïncidences qui surprennent le pèlerin, jalonnent sa route et la font chanter.

Laurence accorde du temps au temps. Elle déguste cette échappée belle à petites lampées et courtes étapes. « On ne prend la route que si on ressent un manque », note-t-elle, philosophe. Puis elle cite de mémoire Françoise Dolto : « Même des exercices spirituels, des études théologiques, des critiques d'exégèse ne peuvent donner l'eau vive. Seule l'expérience d'un manque dans une rencontre peut nous ouvrir à Dieu et nous mettre en recherche continuelle. » Me voilà coi. Laurence rajuste son bob crème et interroge de sa voix chantante :

« Luc, vous ne pensez pas qu'il est illusoire de croire que le bonheur consiste à vivre sans manque et que le but de la vie est de le combler ?

— ... Euh, si Laurence, bien sûr que si. (Je n'ose pas lui faire remarquer que j'éprouve un manque de bien-être assez douloureux dans les chaussures et que je préférerais éliminer celui-là).

— J'en suis convaincue, cette béance en nous est un appel vers Dieu. Ne trouvez-vous pas significatif que la première tentation du Christ, lors de ses quarante jours de jeûne, porte précisément sur cette question du manque ?

— Oui, bien sûr, Laurence, mais que voulez-vous dire au juste ? (Au juste, moi, j'ai tellement mal aux pieds que je suis incapable d'écouter quoi que ce soit.)

— Mais souvenez-vous, Luc ! Au désert, Jésus a eu faim ! Et que lui susurre le tentateur ? "Si tu es le fils de Dieu, ordonne que ces pierres deviennent des pains." Je traduis : "Ne tolère aucun manque de quelque nature que ce soit. Tu as faim ? Fais un miracle, n'attends pas, transforme les pierres en pain et sers-toi. Tu seras comblé." Et que répond Jésus, Luc ?

— Aïe, euh, une phrase du genre : "L'être humain ne vit pas seulement de pain, mais de toute parole qui sort de la bouche de Dieu." À propos, vous qui savez plein de choses, Laurence, pouvez-vous me dire si ce grand marcheur que fut le Christ a eu mal aux pieds ? »

Laurence ne répond pas, perdue dans ses pensées. Elle poursuit son monologue et moi, ma danse de Saint-Guy.

« C'est ainsi que, même au travers du manque, le Christ a trouvé son intégrité ! La joie et la paix nous sont ainsi promises au cœur même de nos privations si nous les vivons en nous appuyant sur Lui. Youpiiii !

— C'est un manque à gagner, en quelque sorte. À propos de s'appuyer, puisque vous me le proposez si gentiment... »

Je saisis la perche au vol, le bras de Laurence. C'est en galant équipage que j'attaque la rue-chemin de Castrojeriz, la plus longue du *Camino,* deux kilomètres, depuis la collégiale Santa María del Manzano jusqu'à l'église-forteresse de San Juan, au flanc d'une colline dominée par les ruines d'un château que se disputèrent âprement chrétiens et Maures aux IXe et Xe siècles. Castrojeriz — le *Castrum Sigerici* fondé en 760 par le Goth Sigeric —, surnommé Quatre-Souris par les Francs, est devenu Quatre-Réglisses pour les pèlerins français.

Dans la collégiale de la Virgen del Manzano (la Vierge du Pommier), Laurence module des vocalises gestuées afin de tester la résonance de l'édifice romano-gothique. Le bedeau la suit pas à pas d'un œil éberlué. De l'autre œil, il veille sur son trésor : une statue de la Vierge en pierre polychromée du XIIIe siècle. Elle inspira le roi Alphonse X le Sage dans ses fameuses *Cantigas*. Marie tient une pomme à la main. Est-ce le fruit du premier péché, celui qui nous fit perdre l'innocence originelle, rompit la communion avec Dieu, nous divisa d'avec nous-mêmes, nous rendit étranger d'avec nos frères, et nous vaut de galérer sur les chemins de poussière en quête d'une plénitude dont nous éprouvons éperdument la nostalgie ? « Sans ce mystère, le plus incompréhensible de tous, nous sommes incompréhensibles à nous-mêmes », affirmait Pascal.

Laurence, à l'instar de nombreux pèlerins, rédige un carnet de route. « Mais qui pourra me comprendre ? » murmure l'excentrique, songeuse, dans la nuit qui bruit de grillons. Elle assure qu'elle brûlera ces notes intimes arrivée au cap Finisterre, quand le soleil se consumera dans la mer et dispersera les cendres vers l'horizon incendié.

L'insurrection de mon Rikiki s'est apaisée. Je soigne le bout de chair et la plante meurtrie avec délicatesse, dans le jardin ensoleillé du refuge de Quatre-Réglisses. Il affiche complet. Cette nuit, je dormirai par terre. Je ne demande rien que de pouvoir poursuivre.

Pourquoi s'inquiéter, mon maître ? « Yahvé ton Dieu [...] a veillé sur ta marche à travers ce grand désert. Voici quarante ans que Yahvé ton Dieu est avec toi sans que tu manques de rien. » (Dt 2, 7.) Des sentiments d'humanité et de pitié semblent poindre dans cet ego boursouflé. Est-ce la grâce de la vulnérabilité, la douce amitié de Laurence et le baume de ses justes pensées ou la protection invisible de Benoît-Joseph Labre qui éveillent ce bourgeon de compassion ?

Aussi discret que ce matin dans la taverne de Vitorino, le saint pèlerin se faufile entre les cou-

chettes du refuge de Quatre-Réglisses et vient murmurer à mon maître, assoupi sur le sol : « Tous mes échecs ont porté semence. J'ai frappé à des portes qui sont demeurées fermées, j'ai pris des routes qui semblaient ne mener nulle part, j'ai connu le soupçon et la prison, le mépris et la moquerie, les coups et les humiliations. Plus d'une fois, la plainte de Jésus crucifié est monté à mes lèvres : "Mon Dieu, pourquoi m'as-tu abandonné ?" Pourtant, je n'ai jamais cessé de placer ma confiance en Lui et n'ai jamais été déçu. La confiance en Dieu honore Dieu. »

11

Les pieds de Damoclès

Castrojeriz – Frómista (25,5 km)
Frómista – Calzadilla de la Cueza (38 km)

« Qui n'a jamais "perdu pied" ne sait pas ce que c'est que de "tendre la main". »

Paul BAUDIQUEY.

« Les petits font des petits pas. »

SAINTE THÉRÈSE DE L'ENFANT-JÉSUS.

Observée de la colline de Mostelares — rude grimpette pour se mettre en jambes —, la vallée immobile et fleurie de Castrojeriz ressemble à une immense empreinte de pied creusée dans le plateau calcaire.

Parlons pied, parlons bien. Le Chemin enseigne à mon maître la spiritualité très humble du pas devant l'autre. Il apprend aussi à mettre les petits pas dans les grands. Mon apprenti pèlerin, au fur et à mesure que ses pieds se forgent une seconde peau, allonge ses étapes — la marche est une ivresse — mais ralentit son rythme. Exalté de se sentir renaître, il découvre le luxe jubilatoire de la lenteur, savoure les sensations offertes par chaque instant du temps. « La lenteur ne signifie pas l'incapacité à adopter une cadence plus rapide. Elle se reconnaît à la volonté de ne pas brusquer le temps, de ne pas se laisser bousculer par lui », note le philosophe Pierre Sansot.

On n'est pas lent parce que vieux, mais on est vieux parce que lent, observe le journaliste Christian Sorg en méditant sur la lenteur qui revient au galop dans notre monde express : « La lenteur est gage de puissance mais aussi de longévité. Le bambou, record de vitesse de la croissance végétale, avec parfois 90 centimètres par jour, ne fait pas de vieux os. Mais le chêne peut vivre quatre mille ans, le baobab cinq mille, le cèdre japonais sept mille. Dans l'ordre animal, le lourd boa constrictor, qui dépasse rarement les 360 mètres à l'heure, vit trois fois plus longtemps (quarante ans) que l'expéditif cobra (douze ans) ; l'abondant crapaud (cinquante ans) dix fois plus que la grenouille (cinq ans) ; la carpe (trente ans) cinq fois plus que le lapin, et l'on sait que la tortue meurt parfois bicentenaire, même s'il lui arrive, dans certaines conditions, de coiffer le lièvre au poteau. »

---

1. Pierre Sansot, *Du bon usage de la lenteur*, Rivages Poches/Petite Bibliothèque, Paris, 2000.

2. « C'est comment qu'on freine ? », *Télérama*, n° 2625, 3 mai 2000.

« Casse-toi, casse-toi », coassent les jeunes crapauds de Boadilla. Je me casse, d'accord, mais à regret. « Si tu aimes, il faut partir », disait Cendrars. J'aurais tant aimé goûter l'ombre des pigeonniers carrés, au triple toit, qui émergent des blés et plonger dans l'eau verte des écluses ovales qui dessinent une cascade au canal de Castille, à l'entrée de Fromista. J'aurais tant aimé arrêter l'instant propice, comme ce soir, dans l'église San Martín de Fromista, l'un des chefs-d'œuvre romans du Chemin, où Luco El Panard, mon aïeul avec qui j'échange des œillades complices, se pâme.

Les larmes coulent parfois, seules, sans raison apparente. Comme ce matin, en apercevant l'église-forteresse de Villalcázar de Sirga émerger, cuirassé ocre, de la houle de blé vert.

Est-ce une nostalgie qui effleure l'âme d'un coup d'aile, une surabondance de beauté qui la submerge ou la conscience aiguë de l'éphémère ? Pas de réponse, mais un sentiment ému de petitesse devant l'immense vaisseau gothique de Santa María la Blanca, à Villalcázar. L'impressionnant portail sud, sous son porche, semble n'avoir jamais été achevé. « Si on est encore capable de pleurer devant la beauté des choses, c'est le signe que rien, en nous, n'est tout à fait perdu », soutient Georges Haldas.

Dans le silence épais de l'église-forteresse, le curé prie son bréviaire. Un groupe de touristes déguisés en jacquets, arborant coquille, bourdon et chapeau à bords troussés, jaillissent d'un mini-car climatisé. Ils montent à l'assaut de la citadelle, en poussant des « oh », des « ah ». L'investissent, caméscope à l'œil, inondant l'édifice de commentaires bruyants et de remugles d'eau de toilette.

Je fuis les bavards sur la piste rectiligne qui mène à Carrión de los Condes. Je fuis sans m'arrêter, sans même saluer, devant le porche du XIIe siècle de l'église Santa María, le curé de Carrión, à la soutane pauvre et reprisée, dont la sollicitude est aussi célèbre que la piété.

Jean-Claude Bourlès, écrivain-pèlerin à la plume légère et sensible, que mon maître a croisé sur les chemins du Gers quand il marchait vers Lourdes, raconte cette anecdote survenue un soir d'été dans le gîte paroissial de Carrión : « Bruit de serrure. Presque rien. Juste le frottement métallique de la clenche, que l'on lève avec précaution... La porte qui relie le gîte à l'église s'ouvre. Dans le rectangle de lumière, la silhouette du curé de la paroisse se découpe. Il entre dans la pièce, s'arrête près des premiers lits, bénit un à un chaque pèlerin. Va vers ceux du fond où la porte du jardin, laissée ouverte, l'éclaire de côté. Même scène. Il chuchote une prière. Et de nouveau la marche hésitante entre la table et les sacs qui traînent à terre, l'arrêt, la prière, et cette main qui se lève et traverse l'espace. Mon émotion est telle que je pense

1. Jean-Claude Bourlès, *Le Grand Chemin de Compostelle*, Voyageurs Payot, Paris, 2001.

un moment m'asseoir dans le lit, montrer que je ne dors pas, parler, dire que... Pourtant, lorsqu'il vient vers nous, je ferme les yeux comme un enfant menteur. Je l'entends murmurer, devine le geste, suis les pas vers la porte qui se referme... »

Heureux celui qui bénit, et celui qui consent à recevoir.

« Il faut aller de commencements en commencements, par des commencements qui n'ont pas de fin. » Grégoire de Nysse a-t-il emprunté l'ancienne chaussée romaine, la via Traiana qui mène, droit devant, droit derrière, de Carrión de los Condes à Calzadilla de la Cueza ? La « piste de la mort » s'étire, caillouteuse, interminable, lancinante, télescopique, sur seize kilomètres à travers rien, le grand *nada*. Il est quatorze heures, soleil au zénith. Même les cigognes font la sieste. Mon ombre, lâchement, se réfugie derrière moi pour s'abriter.

Un arbre, un seul arbre ! Je titube vers le feuillu stoïque et centenaire, à la frondaison généreuse, visant cette courte flaque d'ombre et de fraîcheur réservée à moi seul. Je m'allonge et loue pour la plongée profonde de la sieste, pour cette seconde peau qui naît, et la réconciliation avec Rikiki ; l'écume des cumulus charriée, entraperçue à travers la paupière paresseuse ; les pépites de soleil dans le ramage du feuillage, au-dessus de mon visage ; les senteurs âcres de la terre en chaleur ; la vacuité pleine des instants blancs ; la piste qui enseigne la patience ; les fourmis carnivores qui rappellent au fessier indolent qu'il faut se lever, se mettre en route et ne s'installer nulle part en ce bas monde. Andiamo ! Debout !

Je louerai aussi pour le sourire de la femme blonde qui m'accueille, tel un ange, au bout de la piste interminable, à Calzadilla de la Cueza, village ocre, en carton bouilli, sans âme qui vive. Des maisons en adobe, briques de terre séchées au soleil, recouvertes d'un crépi de torchis fait, comme l'homme mortel, de paille et de boue mêlées.

À l'orée de la ruelle unique, un immense bungalow blanc : le refuge des rescapés de la *calzada de la muerte*, reconnaissable au ronfloto qui fait vibrer ses tôles. Affalés sur leur duvet, écrasés de sommeil dans l'étuve, je reconnais certains frères de route, croisés çà et là. Au fil des rencontres, je les ai affublés d'un surnom : *Quétal*, un petit Espagnol, nerveux, boule à zéro, aussi rigolo que la matraque d'un garde civil, et *También*, son compère, plus massif, plus détendu aussi, à qui il ne manque qu'un menhir ; *Osso* et *Bucco*, deux Brésiliennes d'origine asiatique, complices, mystérieuses, pleines de silence ; les Cache-poussière, trois Espagnols quinquagénaires aux gueules de tueurs à gage en préretraite, pour qui sourire doit être un péché mortel et que Sergio Leone aurait embauchés sur-le-champ ; les *Dufilho's brothers*, facétieux jumeaux néerlandais âgés de soixante-dix ans, originaux cocasses vêtus à l'identique, qui ressemblent à s'y méprendre au comédien Jacques Dufilho ; Peroquette, une jeune Barcelonaise vivace et chaleureuse (eh oui, on trouve des cœurs en Ibère !) qui parle et bouge comme si elle jouait dans un film en accéléré, et qui ponctue ses interminables logorrhées de *Pero qué, pero qué !* (« Mais quoi, mais quoi ! ») ; Vazimollo, un jeune Andalou, très noir de barbe, de poil, de cheveux, de peau, de dents, avec des pieds inusables et une « pêche » athlétique, qui avale les plus longues étapes comme des apéricubes et me serre dans ses bras à chaque rencontre pour me faire craquer la colonne vertébrale (pas très rassuré, je lui lance : « Vas-y mollo, vas-y mollo ») ; le Tcharbé, un médecin Tarbais, adepte de rallye automobile, de ski hors piste et de glisse, « accro » de vitesse qui apprend la lenteur par la grâce d'une tendinite...

Les soixante-dix-sept chaussettes qui sèchent sont-elles aussi sèches que les chèches de la duchesse ? « Je n'ai jamais vu des hommes tâter leur linge avec autant de soin », dit en riant Martine, blonde et bronzée, cheveux très courts, assise à l'entrée du refuge. Elle observe, amusée, les *peregrinos* étendre leur lessive, les jambes raides, à côté de chevaux qui paissent. Martine marche seule depuis Le Puy. Cette jeune femme de quarante ans a quitté sa maison à la mi-mars alors que les pompiers pompaient sa cave inondée. « Je n'ai jamais eu autant de pépins. Comme si quelqu'un voulait m'empêcher de partir ! »

Cette psychologue de profession analyse la « psychothérapied » du *Camino* : « Une succession de deuils et d'arrachements, de lâcher-prise, de "lâchers de ballon". On y goûte la joie de l'allégement. J'aimerais arriver à Saint-Jacques dépouillée, libre, affranchie, pauvre. Mais j'ai de moins en moins envie d'arriver... »

Pas de cuisine au refuge, mais un distributeur de condoms ! (Pourquoi ne pas élargir la « prévention » en remplaçant sur les bornes du sentier la coquille par la capote, la *concha* par le *condón* ? ...) « Je vous conseille le menu pèlerin de l'hôtel du village, il est bon et pas cher », susurre l'*hospitalero* malin. Renseignements pris, cet homme, gardien du gîte des pèlerins, est le frère du propriétaire de l'hôtel-restaurant. Ces rançonneurs de randonneurs ont fait passer les flèches jaunes du *Camino* devant leur établissement et se renvoient les clients. Le (dé)tour est joué. Le Chemin est vraiment une auberge espagnole.

Au bar de l'hôtel, devant une bière, taciturne, le jeune couple de cavaliers qui m'a doublé à Pampelune, et plusieurs fois croisé depuis. Mystère, même à hauteur d'homme, je demeure invisible à leurs yeux. Chacun ses ampoules là où ça frotte : l'une de leurs montures est blessée par sa selle. Ils cherchent un vétérinaire. Je ne veux pas me réjouir, non, je veux que mon cœur de pierre devienne un cœur de chair, par pitié, Seigneur, mais d'où vient cette joie mesquine devant le souci de ces arrogants ?

Pas besoin d'être grand clerc pour répondre à la question ! Elle vient de la jalousie, tout simplement. Mon maître est un envieux qui s'ignore et veut s'ignorer. Ce couple magnifique, il l'envie bien sûr, lui, le piéton poussif et solitaire. Ce n'est pas tant leur fortune ou leur beauté qu'il convoite que leur bonheur affiché. Il refuse que ceux-ci puissent goûter une délectation, jouir d'un plaisir, et que lui en soit privé. Il ne voit plus les dons reçus, les talents offerts, qu'il gâche d'ailleurs de manière éhontée, mais seulement ce qu'il n'a pas.

Je compatis : j'ai parfois envié mon frère Zorteil Pouce, l'aîné costaud, ou mon tonton Achille, surnommé le « nerf de la guerre ». « Quand un homme sent qu'il manque d'une qualité qu'il peut avoir, il se dédommage par jalousie », écrit Montesquieu. C'est une tristesse honteuse qui mord sans crier gare.

Face à la jalousie, grosso modo, *trois attitudes possibles : critiquer la personne enviée et chercher à la détruire, par des mots ou par des actes ; la fuir, désespérément ; remercier Dieu pour le bonheur qui survient à autrui et Lui demander de le bénir. Mon maître, à toi de choisir.*

Martine et moi partageons le menu du pèlerin à 5 euros, pinard compris. Nous avons chacun revêtu notre plus élégant tee-shirt. Le *vino de la casa*, comme celui de Cana, coule d'abondance. Deux bouteilles plus tard, nous atteignons des sommets métaphysiques.

« Je me sens tellement bien que je suis prête à me dissoudre dans le grand Tout, dans l'énergie cosmique, soupire Martine, très séduite par la panoplie du petit New-Agiste.

— Pas moi, Martine, pas d'accord. Le grand Tout, c'est le grand rien ! Je suis fait pour la communion, pas pour la dissolution.

— Mais nous ne sommes que des atomes, Luc. À notre mort, nous retournerons en poussière. Nos molécules deviendront autre chose, d'autres êtres. Tu ne crois pas à la réincarnation ?

— Non. D'abord, par confort. J'ai déjà assez de soucis avec une vie pour ne pas en souhaiter d'autres. La réincarnation est un supplice à durée illimitée. Ce n'est pas deux ou trois existences que cette doctrine nous promet pour arriver à la fameuse ascension vers le divin, mais des dizaines de milliers, en vérité... L'horreur ! En outre, qui te garantit que la prochaine vie sera plus réussie que celle-ci ? Pourquoi ne connaîtrais-tu pas de nouvelles faiblesses qui vont prolonger d'autant l'interminable cycle des naissances ? C'est une doctrine sans pitié, qui ne pardonne rien. L'homme doit gagner son salut par lui-même : elle fait peser sur lui tout le poids d'une libération qu'en vérité Dieu seul peut accorder. Moi, je suis fait pour l'amour, pas pour la justice...

— Comment peux-tu croire que tout va finir à la mort ?

— Mais je n'en crois rien, je suis même persuadé du contraire même si je ne serai sans doute pas fier à l'heure du grand passage. La Vie commence à la mort, Martine, pour toujours. À condition d'accepter de se laisser sauver... »

L'expérience pèlerine me paraît un antidote à la croyance en la réincarnation, la preuve *ad experimentum* que nous sommes engagés, corps, âme et cœur inséparablement mêlés, dans une aventure unique. Que l'âme n'est pas qu'un souffle vital qui change de fringues à la mort, laisse les vieilles fripes au vestiaire du cimetière et repart pour une nouvelle existence dans une nouvelle carosserie.

« Nous ne sommes pas double, Martine, voilà ce que j'éprouve en marchant sur ce chemin, même si je vois double ce soir. Mon âme est l'âme de mon corps, et mon corps est le corps de mon âme. Tu me suis ? Quand j'ai mal au petit orteil, mon moral s'en ressent ! Et puis, il faut que je te l'avoue, Martine : si tu te réincarnais en brin d'herbe et moi en vache, ça me ferait mal au cœur de te brouter ! »

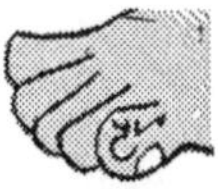

Il y a du progrès, n'est-ce pas ? Un peu plus d'humilité, de lucidité sur les limites, un peu plus d'acceptation des manques.

Moi qui suis un ongle bien incarné, je me suis offert ce soir une récréation. Sous la table, mon maître avait étendu ses jambes, et Martine les siennes. Leurs zorteils se touchaient presque. Pendant qu'ils discouraient, enflammés, je contemplais le petit orteil de Martine. Cette gnomette ressemblait à un bouton de rose ourlé de rouge. Esmeralda était son nom. J'ai frissonné d'un long sanglot d'amour.

Pourquoi parle-t-on de l'épaisseur du silence alors qu'il paraît si fragile, ce voile qui m'enveloppe ? Allongé à même le sol, les yeux grands ouverts sur le ciel constellé où la Grande Ourse dessine un immense pied de nuit, je ne parviens pas à trouver le sommeil. Plantigrade mystico-éthylique, pris en sandwich entre une couche d'herbe rêche et, un peu plus haut, une couche d'étoiles, je goûte ici, à cet instant, une vague de béatitude qui n'est pas due qu'aux vertus magiques du *vino de la casa* et au soulagement de marcher à nouveau. La pacifiante conviction de ne pas être qu'un simple accident de la matière jeté dans l'existence par hasard et subsistant par nécessité. La certitude d'avoir un destin unique et un appel à vivre, entre le grand ordre du macrocosme étoilé et celui du génial microcosme deviné dans les bas fossés à l'heure de la sieste herbicole. « Tout le reste n'est que litres et ratures », disait Blondin.

Est-ce le sang qui cogne dans la tête, un train de nuit qui s'invente des rails sur la *calzada*, le cœur qui s'emballe après ce dîner amical ? Non, je crois entendre le tam-tam du mille-pattes sur le chemin. Car la chenille tape des pieds. Les chenilles du papillon de nuit *Draepana arcuana*, en tout cas. Les chenillettes se construisent sur les terrasses aériennes des feuilles d'aulnes ou de bouleaux des nids de fils de soie. Elles s'y glissent et attendent douillettement l'heure magique de la métamorphose en boulottant le feuillage, à l'abri du vent et de la pluie. Pour chasser les intrus et impressionner les squatters de nid, elles frappent sur la feuille.

Mais l'homme aux semelles de plomb n'est pas un *Draepana arcuana*. Il quitte son nid, embrasse sa chenillette et quête sa métamorphose dans l'inquiétude, en frappant de ses pieds les chemins de plein vent qui mènent à de lointains sanctuaires. Dieu entend-il le tam-tam de ses orteils incertains et endoloris ? Entend-il mon action de grâce pour cette rencontre sans masque, et l'émerveillement de me sentir revivre ? Entend-il le ronfloto qui ébranle le bungalow de Calzadilla comme un réacteur d'*Ariane 5* avant le décollage ? Entend-il la louange interstellaire de ces milliards de galaxies dont l'ordre sublime paraît n'avoir été conçu que pour recueillir un soupir d'amour de ces minuscules Zumains ? Ce soir, il n'est pas dur de le croire.

« Dieu voit une fourmi noire, sur une pierre noire, dans la nuit noire », assure le proverbe arabe.

12

Les délires de Pèlerin-Pimpin

Calzadilla – Sahagún (24,5 km)
Sahagún – Mansilla de las Mulas (37,5 km)
Mansilla de las Mulas – León (19 km)

« Nous avons droit à ces élargissements et, une fois ces frontières franchies, nous ne serons plus jamais les misérables pédants que nous étions. »

EMERSON.

« Le pire de nous-mêmes, c'est cela qui nous livre au Christ, c'est par cette plaie que nous lui sommes voués. »

François MAURIAC.

« Entre Carrión et Sahagún, un grand large à rafler le premier prix au festival de la rase campagne, notent Barret et Gurgand dans leur journal de route[1]. Nous avons l'impression de

1. Pierre BARRET et Jean-Noël GURGAND, *Priez pour nous à Compostelle*, Hachette Littérature, Paris, 1999.

piétiner sur un tapis roulant qui nous reprendrait à mesure les kilomètres que nous abattons. Le plus extraordinaire est que ce paysage est dépaysant au possible. Puszta, steppe, pampa, veld, toundra : où sommes-nous donc au juste ? »

De plus en plus de nouveaux venus sur l'« autocamino » de Santiago. En majorité des Espagnols. Beaucoup de pèlerins *light*, sans sac. Des épouses dociles attendent leur homme, à bord de véhicules climatisés, dans les villages qui ponctuent la piste. Ces intendantes mobiles prodiguent rafraîchissements, baisers, encouragements. Et récupèrent leur marcheur quelques kilomètres plus loin afin de le mener vers des auberges moelleuses où elles le cajoleront.

La pluie me cherche ? Elle me trouve à Sahagún. Le nombre et l'influence des moines français firent surnommer cette ville rouge le « Cluny espagnol ». S'y côtoyaient Francs, Juifs et Maures. La cité a la forme d'un triangle. Dans les trois angles, une église. L'une d'elles, la Trinité, a été « convertie » en refuge des pèlerins.

« Tu sais pourquoi on s'entend bien ? demande avec un fort accent belge Rudy, un pompier de Bruxelles, la cinquantaine sportive, dans son collant fluo, en préparant une tortilla au chorizo dans la cuisine du *refugio*. Le Chemin nous révèle que nous sommes fragiles. Alors on n'a pas peur les uns des autres. Je me prenais pour un superman, j'ai découvert ma vulnérabilité.

J'ai dû faire une étape en car à cause d'une tendinite. Ce matin, à l'arrêt de bus, j'ai croisé une pèlerine. Renversée par une voiture à Burgos, elle était encore couverte d'ecchymoses. Elle faisait l'étape à pied alors que je montais dans mon autobus... »

Le record mondial de vitesse du chapelet récité est battu à l'église San Lorenzo avant la messe de vingt heures, par un groupe de femmes en noir, qui ponctue sa victoire par des signes de croix exécutés comme des chasse-mouches cabalistiques. Elles embrayent avec les litanies de la Vierge, successions d'expirations pathétiques, soupirs d'agonisantes.

Le dortoir des pèlerins est aménagé dans une immense mezzanine de bois clair. Ce soir, le chœur international El Ronfloto y donnera l'un de ses plus vibrants concerts, emplissant l'abside de ses aériennes harmonies. Autour des prises électriques, des dizaines de points phosphorescents, rouges ou verts, ponctuent l'obscurité telles des poignées d'étoiles de couleur jetées à terre. Les téléphones portables, eux aussi, rechargent leurs batteries. Gare à ne pas écraser ces vers luisants quand on va faire pipi.

Lu dans le calepin de mon maître, ce soir, ces lignes griffonnées sans rage, sur son plumard, les Zorteils en éventail : « Saint Bernard a dit : "Qui se porte bien ne sent pas le mal d'autrui, et qui a bien mangé ne connaît pas la souffrance de qui est à jeun [...]. Pour se sentir malheureux du malheur des

autres, il faut d'abord l'éprouver en soi. Ce n'est qu'en nous connaissant nous-même que nous pourrons retrouver l'âme du prochain dans la nôtre et savoir comment lui venir en aide." Ça fait mal mais c'est bien dit. Tant que nous sommes debout, pouvons-nous comprendre celui qui tombe ? La connaissance de soi-même commence par les pieds. Une certaine compassion s'introduit en moi par l'inflammation du Gnomon. »

Saint Jean Chrysostome, dit « Bouche d'or », affirme que l'un des bienfaits spirituels des fautes humaines est l'indulgence pour celles d'autrui. D'après lui, Dieu n'a pas demandé aux anges d'être prêtres car ces êtres sans péché auraient été sans pitié pour les hommes pécheurs. Ils auraient appelé sur eux la foudre du ciel, illico presto. *L'expérience de la pauvreté et de la fragilité permet de compatir, d'être indulgent à celles des autres. C'est le paradoxe : les chutes peuvent rendre meilleurs.*

Chrysostome donne l'exemple de l'apôtre Pierre : l'intrépide qui jure par trois fois une indéfectible fidélité au Christ va le trahir trois fois. « Dieu, conclut saint Jean Bouche d'or, a permis la faute de Pierre, la colonne de l'Église, le port de la foi, la colonne de l'univers, pour lui apprendre à traiter les autres avec miséricorde. »

Sur ces pensées inspirées, ces notes de consolation, mon maître a remonté sa couverture sous son nez et sur ses oreilles (pas facile, la manip), sans pouvoir pardonner aux pipelettes espagnoles qui se peinturlurent les ongles de pied en bavassant ; puis il a très vite mêlé son ronfloto à la louange communautaire, après avoir bredouillé ces vers de Patrice de La Tour du Pin :

Il suffit d'être et vous vous entendrez
Rendre la grâce d'être et de bénir ;
Vous serez pris dans l'hymne d'univers,
Vous avez tout en vous pour adorer.

Le guide prévient : « Pèlerin, prépare-toi à souffrir : tu vas avoir une idée de l'infini, de la sphéricité de la planète, de la grandeur des sacrifices inutiles... » L'eusses-tu cru ? À El Burgo Ranero, juste après avoir quitté Pierre et Danielle, un couple d'Angers qui consacre chacune des journées de leur pèlerinage à prier pour leurs cinq enfants et leurs neuf petits-enfants, un par jour, vlan, une tempête de grêle sur la *cabeza*. Un déluge de petits pois frais dans la poêle immense de la plaine. Pas un arbre, pas une masure où s'abriter. Recevoir, consentir. La piste est blanche de grêlons, couverte de Maïzena, bordée d'un marigot qui charrie un gaspacho argileux à gros bouillon. De la soupe plein les grolles. La cape, lacérée, claque dans le vent, foc en lambeaux, inutile.

Comme dit Vialatte, « le bonheur est fait, en grande partie, de choses minuscules : changer de chaussettes, boire un demi bien frais. Le bonheur est surtout fait de la fin des ennuis... ». Le bonheur, donc, c'est ce soleil neuf, aussi vite survenu que la tempête, qui me sèche en cinq minutes. Je m'évapore, au milieu d'un troupeau de moutons broutant la lande austère, alors que la longue litanie d'arbustes qui jalonne la chaussée tous les neuf mètres depuis Sahagún — soit trente-deux kilomètres de plantations — cesse soudain et que je me sens tout nu, privé de ces portefeuilles.

Dans des splouitch-splouitch et une béatitude spongieuse, sonné comme un boxeur qui a survécu aux quinze rounds alors qu'il était donné K-O au premier, j'entre à Mansilla de las Mulas, bastide aux remparts préservés et aux murailles de galets, par la porte Santiago. Celle-ci a perdu son arc ; moi je retrouve la blonde Martine, qui par bonheur ne s'est pas réincarnée en limace. Ma consœur a choisi la calzada de los Peregrinos, l'ancienne voie romaine Traiana, plus sauvage et moins fréquentée, qui pénètre à Mansilla par l'arc de la Concepción. Les grêlons ne l'ont pas épargnée. Elle a de la boue au mollet, gai, gai, dessous le gué.

Refugio complet à Mansilla. Les randonneurs du week-end y font la fête. La promiscuité bruyante des dortoirs surpeuplés contraste trop brutalement avec la solitude des pas et l'immensité des horizons. Pour la première fois, je savoure les draps frais d'un lit d'hôtel, un crépuscule sans ronflements.

Troublé par ce silence inhabituel, mon maître peine à trouver le sommeil. Il médite, en attendant dodo, sur les leçons de sagesse prodiguées par ses pieds, qui

forment une bosse phosphorescente sous le drap, et la parabole de la double peau. Les blessures d'hier, ampoules douloureuses, qui le faisaient geindre et désespérer, se muent, acceptées et soignées, en force et protection. Est-ce une leçon de vie ? Dieu lui dit, par le Rikiki : « S'il n'y avait pas ta faiblesse, par où pourrais-je entrer ? »

Le péché lui-même ne peut-il devenir, par la miséricorde de Dieu, une ouverture à la grâce, comme une ampoule dans le godillot ?

Profitant de cette légère excitation sur un encéphalogramme généralement raplapla, je suggère à mon maître un texte brûlant de son aïeul pèlerin Charles Péguy : « Il y a quelque chose de pire que d'avoir une mauvaise pensée. C'est d'avoir une pensée toute faite. Il y a quelque chose de pire que d'avoir une mauvaise âme et même de se faire une mauvaise âme. C'est d'avoir une âme toute faite. Il y a quelque chose de pire que d'avoir une âme perverse. C'est d'avoir une âme habituée.

« On a vu les jeux incroyables de la grâce pénétrer une mauvaise âme et même une âme perverse et on a vu sauver ce qui paraissait perdu. Mais on n'a pas vu mouiller ce qui était verni, on n'a pas vu traverser ce qui était imperméable, on n'a pas vu tremper ce qui était habitué. Les "honnêtes gens" ne mouillent pas la grâce [...]. Ils ne sont pas blessés. Leur peau de morale,

1. Réplique d'Éric-Emmanuel Schmidt dans sa pièce *Le Visiteur*, Actes Sud, Arles, 2001.

constamment intacte, leur fait un cuir et une cuirasse sans faute.

« Ils ne présentent point cette ouverture qui fait une affreuse blessure, une inoubliable détresse, un regret invincible, un point de suture éternellement mal joint, une mortelle inquiétude, une invincible arrière-anxiété, une amertume secrète, un effondrement perpétuellement masqué, une cicatrice éternellement mal fermée. Ils ne présentent pas cette ouverture à la grâce qu'est essentiellement le péché.

« Parce qu'ils ne sont pas blessés, ils ne sont pas vulnérables. Parce qu'ils ne manquent de rien, on ne leur apporte rien. Parce qu'ils ne manquent de rien, on ne leur apporte pas ce qui est tout. La charité même de Dieu ne panse point celui qui n'a pas de plaies. C'est parce qu'un homme était par terre que le Samaritain le ramassa. C'est parce que la face de Jésus était sale que Véronique l'essuya d'un mouchoir. Or celui qui n'est pas tombé ne sera jamais ramassé ; et celui qui n'est pas sale ne sera pas essuyé. »

Une courte étape mène jusqu'à León, ville de « toutes les félicités », selon Aymeri Picaud, et de tous les émerveillements, parée des lueurs fauves de l'orage.

Quelques notes en vrac couchées sur le carnet de bord ce dimanche matin à León. Comme

1. Charles Péguy, *Œuvres complètes,* Note conjointe sur Descartes. 1909-1914, p.1386 *sqq,* La Pléiade.

les Américains, les Espagnols ont des journaux aussi épais que des dicos. Sur la *plaza Mayor,* des ouvriers musculeux échafaudent une estrade pour un concert dominical. Quatre musiciens répètent un blues mélo. Quelques arpèges de clarinette et les larmes jaillissent. Une fillette en robe de mariée jette du pain aux pigeons sous le regard jaloux de ses parents. Dimanche, jour cruel où l'étranger ressent plus douloureusement sa solitude. Dans une ruelle, en contre-jour, un homme donne le bras à sa vieille mère ; leur ombre mêlée, glissant sur le pavé mouillé qui étincelle d'un soleil neuf après la pluie, est celle de jeunes amoureux enlacés.

La messe, au monastère des bénédictines, dans le vieux Santa Ana, l'ancien quartier « des Francs », débute par une procession mortuaire : une vingtaine de religieuses vêtues de sombre s'avancent lentement vers leurs stalles de bois, dans des nuages d'encens déodorants, des gémissements grégoriens plaintifs et somnifères. C'est *Le Dialogue des carmélites* revu par Buñuel. Les quelques pèlerins présents à l'office s'effondrent l'un après l'autre dans le sommeil, sur leur banc. Les Espagnols ont fait du christianisme une tragédie sans issue. Où est le Ressuscité dans cette Passion fatale ?

Frères et sœurs, oyez, c'est dimanche, le jour du Seigneur — et l'heure de l'homélie de Rikiki, que je balance par influx nerveux au cortex de mon maître en train de roupiller sur son banc pendant le sermon dormitif d'un chanoine austère.

Il y a deux apôtres du Christ dont l'auréole clignote dans mon panthéon de Gnomon. Ils annoncent le Royaume chacun à leur façon. Le Juif Paul persécutait les premiers chrétiens avec une extrême conscience professionnelle jusqu'à ce jour où il caracole sur le chemin de Damas. Vlouf, grand flash dans les yeux. Il tombe de cheval, se retrouve cul par terre. Il a perdu la vue, pas le son. Il entend une voix dans le mégaphone céleste : « Paul, pourquoi me persécutes-tu ? » Cela fait un choc, même à un gaillard de son calibre. Après une traversée de la nuit, il recouvre la vue, la vie, et devient le plus ardent des chrétiens. Paul ne sera pas du genre à diluer le message et à noyer le poisson (l'Ictus, symbole des chrétiens). Jésus-Christ vient donner sa vie pour chaque homme. Il vient aussi renverser pacifiquement les valeurs du monde. Ce message culmine dans la croix, l'instrument de torture qu'il choisit pour manifester sa gloire, et dans les Béatitudes, ces prescriptions de bonheur qui prennent l'exact contrepoint des valeurs de la société des hommes : « Heureux les pauvres de cœur... Heureux les doux... Heureux les pacifiques... Heureux ceux qui pleurent. »

L'apôtre Paul insiste : le Christ vient révéler que tous les Zumains sont membres d'un corps — Son corps ! Chaque membre, même le plus biscornu, le plus incongru, le plus abîmé, y a sa place. Les parties les plus faibles, les moins « présentables », non seulement sont nécessaires au corps mais doivent être spécialement honorées. C'est ré-vo-lu-tion-naire ! Après des millénaires de mépris et d'esclavage, les Rikikis du monde sont réhabilités et trouvent enfin une dignité. Merci, Paul de Métatarse, au nom de tous les Zorteils.

Deux mille ans plus tard, un autre disciple ne cesse de prêcher l'amour des humbles. L'apôtre Jean est un homme immense, légèrement voûté à force de se baisser vers les petits de la Terre. Les cheveux blancs, en bataille, il ressemble à un vieux loup de mer avec sa vareuse de toile bleue. Jean Vanier vit dans un village de l'Oise, Trosly-Breuil, avec des personnes handicapées, depuis 1964. Ce Québécois fut officier de marine, professeur de philosophie. Il a fondé la communauté de l'Arche pour incarner ce texte que je surnomme l'Évangile du Rikiki : « Quand vous donnez un banquet, n'invitez pas les membres de votre famille, ni vos riches voisins, ni vos amis. Invitez les pauvres, les estropiés, les infirmes, les aveugles, et vous serez heureux, bénis de Dieu. »

La culture de toute société est une pyramide de pouvoir et de compétition, dénonce Jean Vanier. On veut décrocher des privilèges, monter en puissance, dominer, grimper, régner. Or le Christ inverse les valeurs, renverse la vapeur : « Les derniers seront les premiers, les premiers seront les derniers. » Dieu a choisi ce qu'il y a de plus fou dans le monde, de plus faible, de plus petit, de plus rikiki, pour confondre les forts, les riches, les savants, les puissants... mon maître, en résumé. Soyez rikiki pour être bien placé au Paradis.

Déjeuner dans une gargote avec les « quatre mousquetaires » : cinq retraités de Manosque qui marchent ensemble depuis Le Puy, aussi indépendants que les doigts de pied. L'un d'eux, Renzo, un Italien, bougonne comme un Français : « Si mes compatriotes avaient été intelligents, ils auraient créé un *Camino Roma*, un chemin jusqu'à Rome, et ils se seraient fait des couilles en or. »

Qu'il emprunte l'axe sud-sud-est, par l'Italie et la Grèce, ou l'axe est-sud-est, en longeant le Danube et en pénétrant en Orient par les Balkans, le pèlerinage de Jérusalem va connaître une nouvelle jeunesse, j'en suis convaincu. Le chemin de Compostelle est trop balisé, banalisé, sécurisé, fréquenté, « civilisé » pour certains aventuriers de l'âme. Il n'offre plus cette hospitalité improvisée que beaucoup espèrent sur cette voie d'appauvrissement qu'est un pèlerinage.

Ces pensées, dans le dortoir bavard du gîte des bénédictines où s'entassent quatre-vingts marcheurs dans des châlits superposés. Je viens d'y trouver, posée sur mon duvet, une carte postale. Mon premier courrier. Elle représente l'aristocrate Jérémie, prophète aux cheveux et à la barbe lissés, statue célèbre de l'abbaye de Moissac. Au dos, ces lignes de Martine : « Je pars. Vais ailleurs chercher une chambre. Trop besoin de solitude et de silence. Je ne supporte plus la foule. Je t'embrasse. Bon Chemin. » Martine portait-elle cette carte depuis la France ?

Moissac, son cloître de l'an 1100, ses soixante-seize arcades et chapiteaux, les soixante figures de son portail. Les souvenirs jaillissent, comme cette phrase de l'Apocalypse qu'illustre le tympan roman : « Je vis : une porte était ouverte dans le ciel. Aussitôt je fus saisi par l'Esprit. Et voici : un trône se dressait dans le ciel, et siégeant sur le trône, quelqu'un... »

Et moi, à León, cet après-midi, je vois les portes qui s'ouvrent dans le ciel, les centaines de verrières de la cathédrale Santa María de Regla (la vitrerie la plus importante d'Europe après Chartres). Je m'offre un décollage vertical dans ce vaisseau de couleur, ce verger multicolore, pour n'atterrir qu'à l'heure de la fermeture, avec un torticolis. León, étape obligatoire du pèlerin. « À León, quel repos ! confirment Barret et Gurgand. Peut-être parce que la cathédrale a un air de famille avec celles de Reims, d'Amiens et de Beauvais, nous nous sentons chez nous dans cette ville et comprenons à quel point le “chemin” nous relie encore à la France : il n'a pas conservé pour rien son vieux nom de *Camino francés*. »

Mon maître s'étonne du nombre de quinqua et sexagénaires en marche sur le Camino. *Cette affluence ne s'explique pas seulement par la récente disponibilité de ces retraités, leur bonne santé et la vogue actuelle de la randonnée. Il reste à ces jeunes vieux — des hommes dans leur majorité — vingt, trente, quarante ans à vivre. Après une existence souvent trépidante, cherchent-ils à donner à ce sursis un autre sens que le boursicotage ou l'attente craintive de la fin ? À tromper l'angoisse et ce neuf ennui qui les terrifie par un « divertissement » supérieur ?*

Le pèlerinage se pratique souvent à un virage de l'existence, dans un nœud de la vie, aux confins d'une crise, dans le chaos d'une rupture. Il peut être fuite, décantation ou confrontation.

Démarche symbolique ? Pas seulement. Le pèlerin, sans le savoir souvent, expérimente un condensé des trois étapes de la vie : le lâcher-prise du passé, le deuil de certains attachements, indispensable pour grandir, car la vie n'est que succession de séparations jusqu'à l'ultime ; le désert, où il s'interroge, privé de repères, sur son identité et l'orientation profonde inscrite en lui — étape aussi inconfortable que le vol d'un acrobate entre deux trapèzes ; enfin, l'acceptation de sa finitude et de ses imperfections, où Dieu vient le rejoindre.

Il sent physiquement, au cœur même de ce consentement, qu'une vie limitée au temps imparti, à la naissance et à la mort terrestres, sans perspective d'éternité, est absurde et intolérable. Alors, une sueur d'angoisse lui coule le long de la colonne vertébrale, qui ploie sous le fardeau...

13

Silence, Hospital

León – Hospital de Orbigo (36 km)

« Tout se défait comme une peau qui tombe, et dessous il y a la chair à vif ou le feu. »

Marina TSVETAÏEVA.

« Je le guérirai, je le consolerai, je le comblerai de réconfort en faisant éclore la louange sur ses lèvres. »

Livre d'Isaïe (57, 18-19).

Le long de la « Haine » 120, les panneaux « Attention, pèlerins » ont remplacé les « Attention, bovins ». Les marcheurs, souffletés par d'écumants dix-roues, courbés sous le poids du sac et de leur destinée, se suivent à la queue leu leu tel un chapelet d'alpinistes sur une crête venteuse.

La charge grondante des *barreiros* (camions) est absorbée par la louange intérieure — « Béni sois-

Tu, SeigGGGRRROOOAAARRR, Gloire à Toi qui t'es fait mon frère pour m'attirer vers ton PèreVVVVRRRRRROUOUOOOGGGRRR ».

Entre deux poids lourds, un cabriolet luxueux passe à ma hauteur. Son conducteur est un quadragénaire élégant, avec une moustache noire, des lunettes noires, un foulard noir, une veste claire, une femme blonde et ravissante à ses côtés, portant un fichu sur la tête comme Grace Kelly dans *La Main au collet*. Cet homme riche à l'air conquérant, j'ai croisé son regard une fraction de seconde, et j'ai su qu'il m'enviait. (C'était mon carnet de route façon Sempé.)

En 1505, la Vierge Marie apparaît à un berger dénommé Alvar Simón, à huit kilomètres de León. Elle lui demande de construire un sanctuaire en son honneur. Avant de se lancer dans de grands travaux gratuits, Alvar, prudent, réclame un signe irréfutable. La Bonne Mère lui emprunte sa fronde, lance une pierre à six cents mètres — ce qui la sacre championne olympique. Le caillou gonfle comme la grenouille de la fable et devient roc. Alvar, convaincu, se met au travail. Le sanctuaire de la Virgen del Camino est depuis 1961 une église moderne aux façades de verres colorés jointoyés de ciment. Le pèlerin longe les treize statues monumentales, en bronze, de sa façade — la Vierge et les douze apôtres. Chacun de ces squelettes de bronze mesure six mètres de hauteur et pèse sept cents kilos. Une petite voix en moi souffle : « Pour ta pénitence, tu les porteras l'une après l'autre, jusqu'à Santiago. » Pas drôle.

Un itinéraire *bis* évite la *carretera* hurlante, par Chozas de Abajo. Il serpente à travers le *páramo* (« désert »), une lande aride d'un vert glacé. Ciel grisaille, printemps aigrelet. La louange expire d'elle-même, tout d'un coup, tel un moteur sans carburant.

Journée lourde comme un caillou. Inexplicable pesanteur de l'être, sans parler du sac. En moi, je ne trouve que moi-même. Pas folichon. Ruminations stupides d'un « paramoïaque ». Prière éteinte. Je me réfugie dans le chapelet automatique, la fronde de la Sainte Vierge. Cette prière des pauvres transforme nos petits cailloux en grandes grâces.

Déjà qu'il n'est pas de bonne humeur ! La grogne ne s'arrange pas à la vue de la mascotte du Camino*, un nabot ridicule, hybride d'un nain de Blanche-Neige, avec deux capotes sur les oreilles en pointe, et d'un microzoaire à tête de poulpe. Ces effigies balisent le sentier, c'est à pleurer.*

La colère explose quand mon maître déchiffre l'un de ces panneaux bleu nuit, plantés par les Zeurocrates, qui jalonnent eux aussi les bas-côtés de la calzada*, de plus en plus nombreux. Ceux-ci affichent fièrement « Camino de Santiago — Itinéraire culturel européen ». C'est le grain de sable qui fait déborder le vase ! Encore ébloui par les splendeurs de León, la cathédrale Santa María de Regla, l'église Santa María del Mercado, du* XIIe *siècle, le monastère San Marcos, la basilique royale San Isidoro, j'en passe, et des* *chefs-d'œuvre, mon maître peste contre la réduction à l'état laïc d'un chemin cultuel devenu culturel. Le culturel ne manque pas d'« r » !*

Ces joyaux de pierre ne sont-ils pas d'abord l'expression d'une foi inouïe ? « Qui étaient-ils donc, ces rustres, pour savoir à ce point apprivoiser dans le calcaire le mystère vertigineux de nos existences ? » s'interrogeaient Barret et Gurgand, qui n'étaient pas des piliers de sacristie.

Si l'Esprit souffle sur ce chemin, si les pèlerins — qu'ils soient croyants, incroyants, agnostiques — y éprouvent joie et plénitude, si la grâce sourd des pierres et des caillasses, n'est-ce pas d'abord grâce à la foi, à la prière, à la sueur, à la ferveur de tous ceux qui les ont précédés ? Invisible capital, dont les intérêts sont versés à chacun selon son désir et sa soif. Miracle de la communion des saints, au-delà du temps. Taire la foi, c'est étouffer la source. Et si les Zeurocrates la ferment, les pierres crieront !

Chaque pèlerin a son diablotin. Cet esprit malin et fielleux virevolte entre les pensées, attise les nostalgies, distille des craintes, paralyse les élans généreux, réveille les ressentiments et les culpabilités... Bref, il fait tout pour empoisonner la marche. « Mon démon à moi se nomme "à quoi bon ?" » confiait Bernanos. Le mien, Jorêdu. Sa spécialité : inspirer des regrets. Il pond sous la fine peau de la conscience des larves qui grossissent au fil des pas, deviennent des remords qui se tortillent tels des asticots et rongent toute paix : « J'aurais dû me lever plus tôt, j'aurais dû marcher moins vite, j'aurais dû faire le détour d'Eunate, j'aurais dû sourire ce matin à ces enfoirés d'Espagnols qui ont bavardé jusqu'à minuit dans le dortoir... » Le Jorêdu est le cousin germain de Yavéka, Yfalai, Yzavékapa, Yfokon et Sessafote. Il attaque l'âme à son point faible pour la désespérer.

Miracle ? Le *Camino* distille un antipoison : l'abandon. Il expulse le Jorêdu. « T'aurais dû ? Ben, t'as pas pu, susurre le Chemin, à mi-voix, pas à pas. T'as pas fait. Pardonne-toi et va en paix. Et surtout, pas de regrets ! »

Difficile de se pardonner, en fait.

Pourquoi songer au pardon sur le pont médiéval de Hospital de Orbigo ? — vingt arches, deux cents mètres de long. Sans doute parce que j'y croise mes pèlerins cavaliers qui une fois de plus m'ignorent superbement. Je lance un *hola* gémissant, suppliant, vers leur altitude. Il n'en retombe rien, qu'un soupir distant et un crottin.

Un cavalier occupa fièrement le pont de Orbigo, en l'an de grâce 1434. Il avait une autre allure que ces nouveaux riches. Pour l'amour d'une dame, don Suero de Quiñones y défia, avec neuf compagnons, tous les chevaliers qui ambitionnaient de franchir le pont. Le combat dura un mois. Les adversaires se succédèrent. Ils furent tous défaits. On rompit trois cents lances et il y eut un mort. Puis tout ce petit monde — vainqueurs et vaincus — alla bras dessus bras dessous en pèlerinage à Compostelle offrir un collier d'or à l'apôtre. Sauf le mort, resté couché.

Ce don Quichotte — Suero de Quiñones aurait inspiré Cervantès — mourra vingt-quatre ans plus tard de la main d'un de ces duellistes, qui ne lui aurait jamais pardonné le déshonneur. La vengeance est comme le gaspacho, un plat qui se mange glacé.

Quiñones trépasse, mon maître passe, seul le pardon demeure. C'est sans doute l'unique geste qui reste, cette audace dont la portée nous dépasse infiniment, le seul héroïsme dont nous ne soyons pas capable et dont nous recevons la force par Celui-là seul qui a murmuré : « Père, pardonne-leur, ils ne savent pas ce qu'ils font. » Eh non, nous ne savons pas ce que nous faisons...

Moi, Rikiki, je décide, à Hospital de Orbigo, de pardonner à mon maître toutes les humiliations endurées depuis quarante ans, le mépris, la suffisance. Je ne sais pas ce qui m'arrive... Cette grâce me surprend, ce soir, durant la messe, face au crucifix.

Tous nous avons à vivre une réconciliation afin de mourir en paix : avec nous-même — ce n'est pas la plus facile ; avec les autres ; parfois avec Dieu. Le Chemin peut être l'occasion d'un pas vers cet enfantement douloureux et sublime qui change invisiblement la face du monde.

Pourquoi les messes s'achèvent-elles par une prière spéciale pour les cyclistes : *para los cyclos de los cyclos* ? Le curé de Rabanal éclaire ma lanterne : je confonds *cyclos* avec *siglos* (siècles). Comme je confondais il y a peu *chorizo* (saucisson) avec *corazón* (cœur). Quiproquo dans les épiceries, et dans mes lettres d'amour. Que pense ma femme quand je l'embrasse « de tout mon *chorizo* » ? Et la charcutière quand je veux lui acheter son cœur ?

Mon espagnol s'enrichit. Je m'entraîne à la *jota* en répétant la *mujer* (femme), la *mujer*, la *mujer*... Facile, prononcer : l'amour erre. Devrais-je rappeler à ma *mujer* que le concile de Rouen, en 1070, a dû menacer d'excommunication toute épouse de pèlerin qui, sans nouvelles et se croyant un peu trop vite devenue veuve, contractait un nouveau mariage ? Snif. Absence plus dense. « La nostalgie, c'est comme les coups de soleil. Ça ne fait pas de mal pendant, ça fait mal le soir », disait Pierre Desproges.

La tristesse m'assaille comme un chien noir. Sentiment d'inutilité et d'impuissance. Je me demande avec force et pour la première fois ce que je fais si loin de mes amours. Pèlerin d'un royaume dont je me sens exilé, j'aimerais voler cette lettre à Christian Bobin, la glisser contre la patte d'un pigeon voyageur et lancer le messager ailé vers le nord : « Aujourd'hui, mon amour, je suis trop fatigué pour t'écrire. Tu trouveras dans ton cœur une lettre de plusieurs pages, remplie de silence. Lis-la lentement. La lumière de ce jour l'a écrite en mon nom. Il n'y est question que de toi et de ce repos qui me vient chaque fois que je tourne mon visage vers ton visage, là-bas, à plusieurs centaines de kilomètres. »

« Souris, souris, et ton sourire fera signe à la joie qui s'était éloignée », recommande Michel Quoist. D'accord, Michel, je souris. Et je salue le gang des Mercedes croisé sur le viaduc de Hospital — j'arpente le pont, de long en long, ne pouvant plus m'arrêter de marcher malgré les courbatures : quand les pieds ne veulent pas cesser, on est bien obligé de les suivre. Saluer, sourire, mais pas faire causette. J'aurais pu mais... Le Jorêpu est le jumeau du Jorêdu. Ils me minent, ces deux-là.

Le gang des Mercedes ? Deux couples de bourgeois lyonnais qui marchent ensemble vers Santiago depuis plusieurs années, à raison d'une semaine par an. Pour des motifs qui m'échappent, ils ne peuvent se séparer de leur grosse berline noire — chaque paire a la sienne. Ils se livrent à un gymkhana complexe, fruit d'une stratégie subtile que je suis heureux de dévoiler après une enquête approfondie. Chaque matin, proprets, guillerets, pendant que leurs épouses se pomponnent dans les chambres d'hôtel, les chauffeurs A et B mènent les Mercedes 1 et 2 jusqu'à l'étape prévue pour le soir. Ils y laissent le véhicule 1. Puis le chauffeur A ramène le chauffeur B dans la voiture 2 à l'étape de départ. Ils chargent un sac léger et marchent de concert, avec leurs femmes respectives. En début d'après-midi, le but atteint,

A et B sautent dans la Mercedes 1, heureusement retrouvée, et filent vers le parking du matin récupérer le véhicule 2 pour revenir enfin au point Z. Et ainsi de suite durant une semaine. Il fallait y penser. « Comment marcher vers Saint-Jacques sans quitter sa bagnole ? » C'était la chronique de Ronchon Ier, piéton râleur. On ne possède pas tous des Mercedes, mais on a tous quelque chose à lâcher, n'est-ce pas ?

Cidre à la pression dans un bar. Retransmission télévisée d'une corrida. Les clients mâles s'agglutinent devant le poste comme des mouches sur un papier collant. Ils applaudissent la mise à mort. Je ne parviens pas à m'enthousiasmer pour ce coup d'épée dans une bête exangue, sanguinolente, percée tel un boudin apéritif. Suivent des images d'exode. Des femmes épuisées tirent des enfants souillés dans des fumées qui puent la mort ; des hommes poussent des objets dérisoires sur des chariots de misère ; des chiens errent parmi des cadavres et des détritus. Les réfugiés ne marchent pas par plaisir, eux, mais pour survivre. Les spectateurs délaissent l'écran. La mise à mort d'un taureau est quand même plus excitante que celle d'un peuple.

« Le monde est en feu, il n'est pas l'heure de parler avec Dieu de choses de peu d'importance », disait Thérèse d'Avila. Me voilà rattrapé par l'« actualité », ce spectacle obligatoire des maux qui accablent l'humanité, c'est-à-dire des hommes qui me ressemblent comme des frères. « La souffrance oblige », soutient Paul Ricœur, mais ce soir je ferme les yeux sur les malheurs du monde. Pas envie de parler. Ma microscopique déprime absorbe les dernières bribes de ma compassion.

Offrir l'absence, le rien, le *nada*. Je chemine vers la fin des terres, n'est-ce pas plutôt au bout de moi-même ? Ma finitude, ce soir, m'est palpable. Je la sens jusqu'au fond de mon âme, jusqu'au bout de mes pieds.

Alors que mon don Quichotte se tourne et se retourne sur un sommier grinçant dans une piaule austère du presbytère de Hospital, et que certains doutes le rongent après cette journée de páramo *intérieur — vous l'avez deviné, il n'a pas pris un mois sabbatique pour effectuer une simple promenade digestive —, moi, Sancho Gnomon, je lui propose, pour achever ce jour, la prière de la nuit que les Rikikis ont empruntée à Pierre Teilhard de Chardin :*

« Ne t'inquiète pas de la valeur de ta vie, de ses anomalies, de ses déceptions, de son avenir plus ou moins obscur et sombre. Tu fais ce que Dieu veut.

« Tu Lui offres, au milieu de tes inquiétudes et de tes insatisfactions, le sacrifice d'une âme humiliée qui s'incline malgré tout devant une Providence austère...

« Peu importe que dans l'intime de toi-même tu sentes, comme un poids naturel, la tendance à te replier sur tes tristesses et tes défauts...

« Peu importe que, humainement, tu te trouves "raté", si Dieu, Lui, te trouve réussi, à son goût...

« Petit à petit, Notre-Seigneur te conquiert et te prend pour Lui...

« Je t'en prie, quand tu te sentiras triste, paralysé, adore et confie-toi.

« Adore, en offrant à Dieu ton existence qui te paraît abîmée par les circonstances : quel hommage plus beau que ce renoncement à ce qu'on aurait pu être !

« Confie-toi, perds-toi aveuglément dans la confiance en Notre-Seigneur qui veut te rendre digne de Lui et y arrivera, même si tu restes dans le noir jusqu'au bout, pourvu que tu tiennes Sa main toujours d'autant plus serrée que tu es plus déçu, plus attristé.

« Sois heureux fondamentalement, je te le dis. Sois en paix. Sois inlassablement doux. Ne t'étonne de rien, ni de ta fatigue physique, ni de tes faiblesses morales. Fais naître et garde toujours sur ton visage le sourire, reflet de celui de Notre-Seigneur qui veut agir par toi et, pour cela, se substituer toujours plus à toi. Au fond de ton âme place avant tout, immuable, comme base de toute activité, comme critère de la valeur et de la vérité des pensées qui t'envahissent, la paix de Dieu. Tout ce qui te rétrécit et t'agite est faux, au nom des lois de la vie, au nom des promesses de Dieu.

« Parce que ton action doit porter loin, elle doit émaner d'un cœur qui a souffert : c'est la loi, douce en somme... Quand tu te sentiras triste, adore et confie-toi. »

14

La croix des vents

Hospital de Orbigo – Astorga – Rabanal del Camino (38 km)
Rabanal del Camino – Ponferrada (33 km)
Ponferrada – Vega de Valcarces (40 km)
Vega de Valcarces – O Cebreiro (13 km)

« Tu voudrais un Dieu devant qui on se prosterne mais pas un Dieu qui s'agenouille. »

Éric-Emmanuel SCHMIDT, *Le Visiteur.*

« Pour acquérir Dieu, on doit d'abord perdre tout. Le chemin de l'âme est une descente. »

Divo BARSOTTI.

Le Jorêdu attaque très fort. J'aurais dû m'arrêter à Astorga. La cathédrale gothique de grès rose était fermée à l'heure de midi ; le palais épiscopal néo-gothique — un délire kitsch, fin XIXe, de l'architecte catalan Gaudí —, bourré de

Japonais. J'aurais dû ne pas manquer la maison de *las Empedradas* — les emmurées — et son unique fenêtre, par laquelle les pèlerins offraient de la nourriture à des emmurées vivantes. Femmes de « mauvaise vie » condamnées ou pénitentes volontaires ? Une inscription ferait pencher pour la seconde hypothèse : « Souviens-toi de ma condition ; moi, hier, toi, aujourd'hui. » Ne sommes-nous pas tous emmurés quelque part ? J'aurais dû aussi goûter les *mantecadas*, pâtisseries d'Astorga, et le *cocido maragato*, ce ragoût de huit viandes mijoté avec des légumes dans un caquelon de cuivre, spécialité de la région dont la seule évocation me conduit à arpenter les ruelles de la capitale des Asturies, l'eau à la bouche, en répétant ce mantra gastronomique : *cocido maragato, cocido maragato*... J'aurais dû...

Basta ! J'expédie Jorêdu se faire cuire un *huevo* (œuf) quand je croise, trois heures plus tard, au pied du mont Irago, Gaspard des chemins. Un gaillard barbu, au verbe pâteux et fraternel, au sac élimé, à la bouteille entamée. Il revient de Santiago et marche vers Rome. Ou vers Jérusalem, il ne sait plus très bien. Il verra. Il dit en tout cas, lui aussi, qu'il ne retournera pas chez lui. « Tout est plus simple sur la route », marmonne-t-il, l'haleine parfumée au *vino tinto*. Le pèlerin-routard hume l'odeur épicée de la pluie sur la terre sèche. « Presse le pas, compagnon, la flotte arrive, j'en viens, et Dieu sait que je n'aime pas l'eau », lâche le Gaspard humide en me serrant la main.

Droit devant, la herse liquide avance, dévore les monts, les collines, la lande, inexorable. Course de vitesse contre la vague grise. L'horrible *chubasco* (averse) m'absorbe à Rabanal del Camino, à neuf cents mètres d'altitude, et me déglutit.

Des Anglais de la Confraternity of St James ont réveillé ce village de montagne de son endormissement. Ils animent le refuge Gaucelmo — l'ancien presbytère — tendance très *british*. Il est *full, of course,* et moi *very wet*. Je me replie sur le refuge municipal, presque complet lui aussi. Ce qui nous offre l'addition suivante : soixante dans l'un, plus soixante-dix dans l'autre, égale cent trente pérégrinants ce soir dans ce village de trente habitants. Rabanal est l'un des nombreux hameaux du *Camino* à avoir retrouvé vie grâce à l'irrigation pèlerine.

L'unique auberge est noire de suie, noire de monde. Bavardages cosmopolites. Je distingue, dans la pénombre et la fumée des cigarettes, Mas, Melocotón et Tampones, les Cache-poussière, ces trois tueurs à gages qui n'ont pas encore ouvert l'Assimil du sourire élémentaire en cinq leçons. Attablé, le professeur Mortimer, toujours impeccable. Ce linguiste distingué, originaire de Belfort, ressemble à s'y méprendre — les cheveux blancs en plus — au héros de Edwards P. Jacob. Avec sa femme, la délicate lady Smile, au sourire permanent, ils marchent depuis Le Puy. Craignant le froid et l'inconfort, ces très sélects sexagénaires dorment à l'hôtel, qu'ils réservent cinq jours à l'avance. Leurs étapes sont calibrées au mètre près. Je parie que Mortimer sait sur quel pied et à quelle minute précise il foulera la grand-place de l'Obradoiro à Compostelle. Le couple sympathique m'invite à sa table. Nous trinquons, autour du poêle, avec Stefan, le Munichois aperçu à la messe de Villada au début de ce voyage, et croisé de-ci, de-là, toujours avec joie.

Stefan est chercheur en électronique dans une grande firme teutonne. « Il y a encore cinq ans, mon boulot, c'était ma vie. Aujourd'hui, j'ai quarante ans, je cherche un nouvel équilibre. » Nous quittons vite les impressions de voyage pour évoquer les paysages de l'âme. Je peste contre ces églises trop souvent fermées — comment peut-on clore la Maison Dieu sur un chemin de conversion ? « Sans doute, dit le pacifique Stefan. Mais nous avons la chance qu'elles soient ouvertes le soir, pour la messe. C'est pour moi l'une des grâces de ce chemin que d'avoir redécouvert la beauté de l'Eucharistie alors que je ne pratiquais plus. »

« *Quarante ans : une grande date liturgique de la vie, une date biblique, date du démon de midi, de la deuxième jeunesse, une date décisive pour l'homme, souligne Carlo Caretto, fondateur des petits Frères de l'Évangile* [1]. *C'est la date choisie par Dieu pour mettre dos au mur l'homme qui auparavant*

1. Carlo CARETTO, *Dans le feu du buisson ardent*, Fribourg, 1976.

essayait de se faufiler sous le voile de fumée d'un "mi-oui, mi-non".

« Avec les revers viennent la fin des illusions, le dégoût, les ténèbres et plus profondément encore la vision ou l'expérience du péché. L'homme découvre ce qu'il est : une pauvre chose, un mélange de suffisance et de méchanceté, une créature dominée par la versatilité, la paresse, le manque de logique. Cette misère de l'homme ne connaît pas de limites, et Dieu nous la laisse consommer jusqu'à la lie... »

Sait-on ce qu'on fait en vérité lorsqu'on embrasse une croix ? La cruz de Ferro émerge du brouillard glacé. Une simple croix de fer, au sommet d'un pieu de cinq mètres planté dans un cairn, à mille cinq cents mètres d'altitude. L'un des monuments les plus anciens, les plus simples, les plus symboliques, les plus élevés de ce chemin de Saint-Jacques. Un énorme tas de cailloux. Des cailloux de partout.

Une tradition millénaire veut que chaque pèlerin dépose une pierre au pied de cette croix. Une pierre de chez lui, portée dans son sac. J'ignorais la coutume. J'aurais dû... Je me sens morveux de ramasser, au pied du cairn, un caillou de rien du tout et le jeter aussi légèrement.

L'homme passe, son caillou demeure. Que symbolise cette pierre ? Un péché à pardonner, une intention chère, un détachement nécessaire, une séparation offerte, un renoncement symbolique ? Personne n'en sait rien. La coutume remonte à l'âge de pierre ; elle serait antérieure à la romanisation, paraît-il.

« As-tu une pierre à jeter ? m'a demandé Stefan hier soir, à l'heure des confidences.

— Oui : mon cœur. »

C'est ce caillou-là que je dépose au pied de la croix. Avec mon Jorêdu. Mon cœur de pierre, pour qu'il devienne un cœur de chair. « Jette ton souci dans le Seigneur, et Lui-même te soutiendra. » (Ps 55, 23.)

Déchiffrées à la lueur de la lampe de poche, hier soir, dans le duvet, ces lignes de Florence de Lussy : « Par sa double nature, corporelle et spirituelle, l'homme est à l'intersection du naturel et du surnaturel, du fini et de l'infini. C'est une crucifixion pour un être qui passe et qui est fait "pour habiter l'éternité" d'être lié à un sujet fini, soumis à la nécessité, à l'espace et au temps [1]. »

Et ce texte de Michel Quoist, qui éclaire le précédent :

« Sais-tu ce qui te fait souffrir le plus ? Ce sont en toi toutes les insatisfactions, les tiraillements, les conflits entre :

ce que tu désires et ce que tu possèdes,
ce que tu voudrais et ce que tu es,
ta faim de savoir et ton Mystère, et les Mystères du monde,
ta frénésie de bonheur et la souffrance sous toutes ses formes,

1. Extrait de la présentation de l'œuvre de Simone Weil par Florence de Lussy, Gallimard, Paris, 1999.

ta nostalgie de grandeur morale et le mal en toi, autour de toi,
ta soif d'amour et les échecs, les limites de l'amour humain.
Ce qui te fait souffrir, c'est ton imperfection, ton inachèvement. »

Froid, flotte et frissons à Foncebadon. Une haleine glacée souffle sur ce village-fantôme. Dire que ces vestiges hantés de brume furent le siège d'un concile au xe siècle ! Mortimer et lady Smile luttent vaillamment contre l'invisible main venteuse qui les plaque contre le mont Irago. Vaincront-ils ? C'est le mystère de la marque jaune.

Une cloche tinte dans la mélasse. L'« ermite » de Manjarin sonne dès qu'il aperçoit une silhouette sur le chemin. Sa tanière — une bergerie sur laquelle flotte le drapeau des Templiers — est éclairée à la bougie. Une vingtaine de pèlerins se pressent autour du poêle, un café à la main, frigorifiés, dans le désordre indescriptible de ce lieu étrange et crépusculaire. Au mur, des fresques surréalistes de croisés en prière, agenouillés, devant Jérusalem. Dehors, des flèches de bois indiquent : « Santiago : 222 km » ; « Jérusalem : 5 000 km » ; « Rome : 2 475 km ». Je décide de poursuivre à l'ouest.

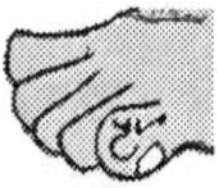

Les zéros sont fatigués. Mon maître, gelé, sonné, parvient au dernier quart de ce périple comme au milieu de sa vie, las,

un peu découragé. Cette route est l'occasion d'une rencontre profonde avec lui-même, mais il ne le sait pas encore. La CMP (crise du milieu de pélé) est une parabole de la CMV (crise du milieu de vie). Ce tournant existentiel ressemble au mont Irago ce matin. Un mur physique, psychologique et spirituel qui paraît infranchissable.

Mon maître va devoir passer, dans les douleurs de l'enfantement, du « ce que je veux » à « ce que Dieu veut ». Par les chemins de traverse d'un pèlerinage intérieur dont la clé de voûte est le lâcher-pied, l'abandon.

Je ne vais pas l'informer de toute l'alchimie qui se déploie en lui, il détalerait vers le premier arrêt de bus, ou courrait s'enivrer pour essayer d'oublier qu'il a une âme. Ma petite voix lui souffle de passer outre ses turbulences intimes et de se laisser faire. De laisser faire le Chemin. Surtout, de laisser faire Celui qui est le Chemin.

La pluie libère le ciel. Un zip invisible dégage soudain une frange d'azur. Du bleu, après la nuit. Un poids se retire, mystérieusement. Dégringolade aérienne et sautillante, sur mille mètres de dénivelée, versant ouest de l'Irago, vers la plaine du Bierzo, à travers des gorges sombres piquetées de genêts où chantent des torrents, embaumées par les ultimes senteurs d'aubépines expirantes.

Entre les monts du León et la chaîne du Cebreiro, l'original Bierzo, verte antichambre de la Galice, étend sa plaine sans motif de plainte : il est riche en populations, en traditions, en mines, en cultures, en vignobles.

Sur des pierres moussues, descente lyrique et sonore. Je suis talonné par un Irlandais qui chante à pleins poumons des cantiques en gaélique et précédé d'un Espagnol obèse et *light* (sans sac), à borsalino blanc et veste crème, qui soliloque dans un téléphone et bouche le sentier d'ajonc de sa ventripotence bavarde.

À Molinaseca, les ruelles sont si étroites qu'on y coince le sac à dos (j'y pousserais bien l'Ibère à mobile). Sur le pont romain qui franchit le Meruelo, la Girafe ajuste son harnais. Ce Néerlandais, long comme un jour sans vin, âgé de soixante-dix ans, vient de Vézelay en tirant une carriole qu'il s'attache à la taille par une ceinture de rein. Il marche à toute allure, en allongeant le cou, à grandes enjambées.

Plus lentes, beaucoup plus lentes, une mère et sa fille — ces couples sont nombreux sur le *Camino*. Venues de Flandres, Simone, soixante ans, Véronique, trente ans. La grâce de cette jeune femme très brune, très maigre, épargnée par la beauté, réside dans un sourire plénier, donné sans retenue. Elle porte une petite robe d'été, couleur fraise, incongrue. « C'est mon sixième *Camino*, dit la maman, avec un fort accent belge et une douce bonhomie. Sans doute le dernier : c'est plus dur chaque année. » Elle dévoile son boulet, une excroissance grosse comme un œuf de pigeon sur le pouce du pied gauche. « Je ne veux pas le montrer à un médecin, il me dirait d'arrêter », soupire Simone. Elle a déchiré sa chaussure pour ne pas trop comprimer cette boule de douleur.

Souffre en silence, en soufflant, en serrant les dents. Sacrées bonnes femmes.

L'*hospitalero* du refuge de Ponferrada s'appelle Adrian, cela crée des liens. Manu, l'infirmier bénévole, est un jeune type brun, pas rasé, avec une gueule de truand. Je ne lui confierais ni mes plaies ni ma bourse. Je change d'avis en le voyant soigner Katia, une Brésilienne d'une cinquantaine d'années, blonde, menue, une affabilité joyeuse, pleine de soleil, malgré ses pieds ensanglantés. La brute s'agenouille, défait les pansements avec une délicatesse maternelle. Il prodigue dans ses caresses la douceur qu'il ne porte pas sur le visage et fait mentir Tourgueniev qui soutenait que « la pitié sans orgueil n'appartient qu'à la femme ». Il en a des clients, Manu, ce soir, à Ponferrada. Ils attendent, le sac à peine déchargé, allongés sur la couchette, épuisés, hébétés, visage tiré. Ils espèrent plus qu'un soin : une parole d'encouragement, un « ultreïa » fraternel. Manu ne les décevra pas.

Une jeune fille se prostitue à dix mètres de l'entrée du *refugio*, sous les arcades de la vieille ville, près du château des Templiers illuminé. De l'autre côté de la place, dans la basilique Notre-Dame de la Encina, la patronne du Bierzo, Stefan, l'ami allemand, s'immerge dans la prière comme dans une onde neuve.

Je jubile, ce soir, même si je ressemble à un rognon sanglant. Mon maître est en état de choc. Ce Manu à la mine patibulaire, qu'il avait aussitôt « étiqueté » et

excommunié comme à son habitude, vient de lui offrir une représentation bouleversante du lavement des pieds qui est, on s'en doute, le passage d'Évangile favori des Zorteils.

Ébranlé, contrit, mon vizir s'en est allé relire, dans la basilique, près de Notre-Dame de la Encina, le chapitre 13 de l'Évangile de saint Jean. Ce Christ puissant qui nourrit cinq mille personnes avec cinq pains et deux poissons, ressuscite une petite fille et un vieil homme, guérit les malades, chasse les démons, cloue le bec aux pharisiens, échappe aux pièges tendus, parle avec autorité, eh bien, ce Christ SuperGod, *en la fête de la Pâque, prend un torchon, se ceint d'un tablier, remplit une bassine, s'agenouille et offre aux panards crasseux de ses disciples un nettoyage gratis. Est-il devenu fou ?*

Nous, les Zorteils, sommes fascinés par ce Christ vulnérable qui pleure quand son ami meurt, ce Christ fatigué qui s'assoit sur la margelle d'un puits et quête un peu d'eau auprès d'une femme étrangère, ce Christ humble qui s'agenouille devant chacun de ses amis afin de laver leurs pieds, et qui nous prescrit ce geste scandaleux comme un commandement : pour entrer dans le Royaume, il faut accepter de se laisser laver les pieds, et nous laver les pieds les uns les autres.

La réaction de l'apôtre Simon Pierre est celle de mon maître. Alors que Jésus s'approche de lui, il bondit : « Toi, Seigneur, me laver les pieds ! ¡ No digas bobadas ! *(Tu plaisantes !) » Jésus dit : « Ce que je fais, tu ne le sais pas à présent, par la suite, tu comprendras. — Non, tu ne me laveras pas les pieds, jamais ! » Pierre est généreux et loyal ; il refuse que le Maître prenne la place du serviteur. Il met les pieds dans le plat, mais pas dans la cuvette. Jusqu'au moment où Jésus se fâche, sans hausser le ton : « Si je ne te lave pas, tu n'auras pas de part avec moi. » Pierre ne comprend plus rien, seulement qu'il vit un instant crucial. Alors il s'affole : «* De acuerdo, *d'accord ! Pas seulement les pieds, mais aussi les mains, la tête, le corps, donne-moi une douche... enfin tout ce que tu veux ! »*

Jésus leur lave donc les pieds. Une façon tendre de dire à chacun « Je t'aime », en le touchant et en le regardant, dernier salut intime avant la Passion qui approche. Cette attitude enseigne aussi ce qu'est l'amour dans le Royaume : Dieu veut nous faire entrer dans sa Vie pour nous mettre à table et nous servir[1].

Deux choses impossibles à trouver sur le *Camino* : 1) un paysage sublime qui ne soit pas barré d'un fil électrique ou défiguré par un pylône ; 2) des gens pour occuper les premiers rangs des églises. On dirait que les fidèles se livrent au grand jeu de la dispersion : « À la messe, éparpillons-nous le plus loin possible les uns des autres, en réservant les dix premiers bancs pour les anges. »

Pardon, je fais encore du mauvais esprit.

---

1. Ces lignes sont inspirées d'une méditation de Jean Vanier sur le lavement des pieds.

Dans les champs de primeurs de la plaine immense du Bierzo, des femmes en noir, agenouillées, courbées, pliées, sarclent la terre.

J'aurais dû m'arrêter chez Jésus, à Villafranca del Bierzo. Son *refugio* est une halte légendaire. La famille de Jésus Jato sert les pèlerins de père en fils. Leur maison-foutoir jouxte l'immense cimetière et l'église Saint-Jacques qui bordent le sentier du pèlerinage, la calle del Agua, à l'entrée de cette *Villa Francorum,* fondée au XIe siècle par Alphonse VI. Il suffisait aux pèlerins malades de toucher le portail de cette église pour bénéficier des mêmes grâces d'indulgence que s'ils avaient marché jusqu'au tombeau de l'Apôtre. Par précaution, je caresse les quatre voussures, sublimes, et les chapiteaux dorés de cette *puerta del perdón* devant lesquels s'extasie aussi, bégayant d'émotion, Calixte, un prêtre-ouvrier à la retraite, qui marche avec quatre copains bas-alpins.

Kate, une Texane de cinquante ans, chemine depuis Burgos : « Un matin, je me suis réveillée, j'ai su que je devais aller à Compostelle. Mes amis m'ont traitée de folle mais je suis partie. » Kate marche pour James (Jacques en français), son petit-fils de trois ans, qui souffre d'une malformation cardiaque.

« Il est bon de suivre sa pente pourvu que ce soit en montant », disait Gide, qui n'avait sûrement pas mis la côte de Villafranca au menu de son petit déjeuner. Il aurait dû... Je quitte Jésus (cela m'arrive trop souvent, cela s'appelle le péché), et je grimpe sec, par un sentier que

Jato l'*hospitalero* a balisé lui-même, dans la montagne en balcon suspendu, loin des foules, survolant le tracé séculaire que recouvre le goudron de la nationale encombrée et bruyante, au fond de la vallée.

Les habitants du village d'Ambasmetas n'entendent plus le rire cristallin du torrent Valcarcel qui résonnait entre ses deux rives encaissées. Une voie rapide leur passe au-dessus de la tête, barre le ciel. Son chuintement a éteint le chant du monde. Le progrès est en marche, le désenclavement en cours. Un second pont se prépare, pour une seconde autoroute. Des pelleteuses rugissent et rognent la montagne grise de poussière. Des explosions projettent des quartiers de roches qui s'écroulent en grondant. La terre tremble, frémit.

Au pied d'une pile de béton, droite, lisse, qui s'élève comme une tour de Babel et attend le tablier qui rayera son ciel d'une balafre définitive, un vieil homme m'attrape par la manche. De longues rides ravinent son visage ; l'ombre portée par la visière de sa casquette n'empêche pas ses yeux très clairs de briller. Il pleure, en fait. Des larmes muettes coulent dans les sillons de ses joues. Est-ce la souffrance, le bruit rageur ou l'indignation qui l'ont muré dans le silence ? Il s'exprime par des grognements pathétiques, se vrille la tête avec un index en montrant le doigt de béton dressé qui défie l'azur en un geste obcène, et la noria de camions dont les roues monstrueuses nous menacent. Ce vieillard privé de mots est le premier Espagnol que je comprends. Je ne peux lui offrir que mon acquiescement. Ma main sur sa main. Et mon poing serré par la colère devant le meurtre de sa vallée.

J'irai à pas lents vers le village d'O Cebreiro, là-haut, par des sentiers humides, des hameaux livrés aux vaches et aux chiens, des ruelles de boue et de bouse, dans les odeurs de purin et de gentiane, et les confidences des sources. À pas lents, suant, souriant, vers cette Galice espérée, la *terra incognita*, dont ce village de pierre, qui accueille les pèlerins depuis le IXe siècle, marque l'entrée. À pas lents vers ce nuage posé sur le col de Piedrafita, qui recouvre le hameau d'O Cebreiro, l'isole du monde et dissuade les touristes comme un champignon nucléaire.

Il ahane, il halète, il hale sa carcasse. Mon maître aborde ici la dernière dénivelée importante du Camino francés. *En montant, il songe à la descente. Il baisse la garde de son esprit, les sens mobilisés par une progression délicate sur des dalles glissantes, dans des rails boueux. Les pensées parasites se bousculent en lui. J'en profite pour subtiliser les concepts et glisser, à la place d'une confortable image d'ascenseur ailé qui lui épargnerait quelques suées, cette réflexion du Christ qui va l'élever autrement : « Nul n'est monté au ciel sinon celui qui est descendu » (Jn 3, 13).*

À ceux qui lui confiaient vouloir faire l'ascension du mont Carmel, saint Jean de la Croix répondait : « Dites plutôt une descente ! » Jésus n'est pas venu sur terre proposer une échelle dont on gravirait progressivement les degrés pour décrocher une médaille olympique de la perfection, mais un chemin de descente dans les profondeurs de l'humilité. « Celui qui s'élève sera abaissé, mais celui qui s'abaisse sera élevé. » (Lc 14, 11.) Quel autre chemin pourrions-nous emprunter que la descente quand celui qui s'est nommé le Chemin est « descendu » par toute sa vie ?

Il est descendu, et n'est plus jamais remonté. Le Très-Bas attend l'homme en bas. Pour Le trouver, il suffit de se baisser. Comme un petit orteil.

Dans l'église paysanne d'O Cebreiro, préromane, en granit noir, solide, sans âge, flotte une antienne de grégorien, le chant éternel. « Ce que Yahvé réclame de toi : rien d'autre que d'accomplir la justice, d'aimer la bonté et de marcher humblement avec ton Dieu. » (Mi, 6, 8.)

Est-ce le vent dans les chaumes des *pallozas*, les huttes de pierre, ces chaumières séculaires ? On croit entendre dans le grand transept de la nuit, sous la voûte d'étoiles, le murmure de la prière des pèlerins morts sur le seuil de la Terre promise.

15

Marche arrière

O Cebreiro – Villafranca – Ponferrada (53 km)
Ponferrada – Villafranca – O Cebreiro (53 km)

« Si l'âme cherche Dieu, Dieu de son côté la cherche bien davantage. »

SAINT JEAN DE LA CROIX.

« Je ne comprends pas tes voies, mais Toi tu connais mon chemin. »

Dietrich BONHOEFFER.

Dans le chœur de la petite église d'O Cebreiro, le moine expédie sa messe, comme d'habitude. Un peu plus vite même que d'habitude, car il n'y a personne et la tempête fait rage sur le col de Piedrafita. Le clerc a hâte de retrouver gîte, confort, couvert. Il accélère. Soudain, la porte grince. Un homme grelottant pénètre dans le sanctuaire glacé. Qu'est-ce qui peut pousser ce paysan de Barxamaior à risquer sa vie pour assister à la messe, par un temps à ne pas mettre un loup dehors ? Le moine se moque intérieurement de ce fruste nigaud. Le paroissien frigorifié, lui, n'a d'yeux que pour l'hostie que le prêtre incrédule élève en songeant : « Tout ça pour un peu de pain et de vin ! » Subitement, le pain devient chair palpitante ; dans la coupe, le vin se change en sang vermeil.

Les deux protagonistes du *Santo Milagro*, le miracle eucharistique d'O Cebreiro, sont enterrés côte à côte, réconciliés depuis le XIVe siècle. Le saint Graal – la patène et le calice du Sacrifice – s'expose à la vénération dans un reliquaire coffre-fort. Dans l'église Santa María la Real, l'une des plus primitives du Camino, Dieu parle au cœur des simples. « Je te bénis, Père, Seigneur du ciel et de la terre, d'avoir caché cela aux sages et aux intelligents et de l'avoir révélé aux tout-petits » (Lc 10, 21).

Au Cebreiro, le temps suspend son vol. Et mon maître, le sien. Marche-t-il à côté de ses pompes ? Rejette-t-il soudain l'esprit d'enfance qui le fait s'abandonner peu à peu à la confiance ? Craint-il de rentrer en Galice ? Se prend-il pour Moïse qui, après avoir mené le long exode, s'arrête au seuil de la Terre promise ? Il rebrousse chemin, et va errer dans la plaine du Bierzo jusqu'à Ponferrada. Nous lui emboîtons le pas, forcément. S'affrontent en son âme la foi du paysan éclairé et le doute du clerc

obscur d'O Cebreiro. Ils ne sont pas encore réconciliés en lui. « Le combat spirituel est aussi brutal que la bataille d'hommes », disait Rimbaud.

L'avez-vous entendu faire ses calculs ridicules ? Il « possède » un « capital » de trois jours d'« avance » sur l'organigramme prévisionnel, grâce à des étapes « bénéficiaires ». Comment « investir » ce temps « gagné » pour en « profiter un maximum » ? Damned, *cet esprit « petit comptable » me désespère... Temps gagné, temps perdu, ces mots ne devraient plus avoir de sens pour lui, pourvu que chaque instant soit du temps donné ! Plutôt que de s'asseoir paisiblement, de goûter ce répit, de s'enfouir dans le silence de ses profondeurs, de s'immerger dans l'oraison immobile, il est saisi de cette frénésie activiste qui le pousse à échapper à la solitude de son cœur profond.*

Ne fuit-il pas, davantage que la fin du voyage, sa propre finitude ? Son sentiment de toute-puissance, éprouvé par le bug *de Burgos, ne s'est-il pas insidieusement réinvesti dans ce refus de se plier aux limites du chemin et à la loi du temps ?*

Nous, les Zorteils voltigeurs, nous serions bien passé de ce supplément de piétinement, de ces pas en « rab », mais nous ne protestons pas trop. D'abord, cette crise existentielle n'est pas une péripétie superflue ; l'adolescent en lui renâcle à mourir et se débat.

Puis, les frottements nous ont façonné une carapace sur mesure. J'ai d'ailleurs une drôle de tête avec ma bouffissure cornée en forme de pyramide de couleur rouille – l'oncle Talon dit genti-

ment que si la laideur avait été cotée en Bourse, j'aurais atteint des sommets au COUAC 40 –, mais je m'accepte ainsi.

Enfin, « tout concourt au bien de celui qui aime Dieu », soutient l'apôtre Paul de Métatarse. Les méandres n'empêchent pas le fleuve d'atteindre l'océan. Ce n'est donc pas une petite fugue de trois jours qui va nous inquiéter.

J'étreins Stefan, l'ami allemand, sous le porche de l'église Santa María la Real. Il disparaît, sans se retourner, en direction de l'ouest, aspiré par le nuage d'étoupe grise qui étouffe O Cebreiro. Je charge le sac, tourne le dos à Santiago et redescends la montagne. Pourquoi cette volte-face ? À vrai dire, je n'en sais rien. Ou, plutôt, je ne le sais que trop : le syndrome « Martine » m'attaque à mon tour. Pas envie d'arriver. Cette frontière de Galice marque le début de la fin du voyage. Des bornes ornées de la coquille baliseront désormais le sentier tous les cinq cents mètres jusqu'à Santiago. Ce métronome topographique me terrorise. Je refuse ce décompte, je repousse l'échéance de l'« atterrissage ». Je ne me suis jamais mieux porté et n'éprouve aucun désir de mettre un terme à cette plénitude. Du clocher de l'église d'O Cebreiro où je suis monté avec Stefan, nous avons cru apercevoir le Finisterre et la ligne bleue de l'océan. Illusion, bien sûr, mais le terme n'est plus loin. Je fuis la fin.

Au moins, mon maître ne se ment pas à lui-même : il ne va pas en arrière pour aller de l'avant. C'est une reculade plus qu'une volte-face.

Des questions profondes viennent semer le trouble en lui, à l'instar des ampoules dans ses chaussures : pourquoi marcher encore alors qu'il aperçoit la fin au bout du chemin, et la mort au bout de sa vie ? Pour qui, dans quel but ? Qu'ont valu ses engagements, ses choix ? Que pèse son existence ?

Cette crise de doute survient souvent au mitan de la vie. Elle peut provoquer divorces, ruptures, dépressions, suicides. Certains la traversent sans encombre ; d'autres s'effondrent. D'autres enfin, comme mon maître, tentent de s'y dérober en tournant les talons. Et si ce pèlerinage n'était qu'une fuite déguisée ?

Il n'y a rien de nouveau sous le soleil. Déjà au XIVe *siècle, le mystique allemand Johannes Tauler soulignait les bienfaits de cette passe douloureuse. L'enjeu ? Se laisser dépouiller. Dieu veut revêtir le « vieil homme » du vêtement neuf de sa grâce. Le but de la mue est d'accéder au « fond de l'âme », cette profondeur de l'être où réside Dieu lui-même. Or le cœur de l'homme ressemble à la drachme perdue de l'évangile : une pièce précieuse enfouie sous les poussières de l'ego, les ombres de ses masques, les scories de la vie, les avoirs encombrants, les peurs secrètes. La crise du milieu de vie, c'est Dieu qui frappe à la porte, qui entre – en bousculant parfois – et fait le ménage des illusions jusqu'à ce que le proprié-*

taire des lieux retrouve son cœur égaré, dans sa vérité.

« Ce n'est pas en faisant, mais en se laissant faire que l'on peut entrer en contact avec son fond le plus intime », insiste le père Anselm Grün, bénédictin allemand qui a beaucoup travaillé les textes de Tauler[1]*. Cette nécessaire « déprise » est en opposition avec les habitudes acquises durant la première moitié de la vie. « Dieu fait le vide en nous par des déceptions, poursuit le père Grün, il nous dévoile notre vacuité par des défaillances, il nous façonne à travers les souffrances que nous devons assumer. Ces expériences de dépouillement se multiplient vers le milieu de la vie. »*

La personne tente alors de fuir – mon maître est un champion dans cette spécialité. De trois façons, selon Tauler. D'abord, il refuse de voir ce qui se passe en lui. « Il projette l'inquiétude de son cœur vers l'extérieur en voulant, plein d'impatience, tout améliorer au-dehors, chez les autres, dans les structures et les institutions, décrit le P. Grün. [...] Par le combat mené à l'extérieur, il se sent dispensé de l'obligation de combattre avec soi-même. »

Ou bien il trompe cette inquiétude par la bougeotte, l'activisme, le zapping incessant – même dans sa spiritualité. L'homme a une infinie capacité à croire que le changement extérieur entraînera un changement intérieur. En ce sens, le

1. Anselm Gründ, *La Crise du milieu de la vie, une approche spirituelle*, Mediaspaul, 1998.

pèlerinage peut être une dérobade, un éparpillement, une compensation qui ne dit pas son nom, alors qu'il vaudrait mieux « demeurer dans sa cellule » pour affronter le vide du cœur.

Ou bien il se barricade en lui-même, se cramponne à sa façon de vivre et de prier. Ce blocage se traduit par un raidissement spirituel. Les obligations sont respectées de façon formelle. La dévotion et l'activisme religieux deviennent alors des paravents entre le cœur et Dieu ; ces défenses entretiennent la bonne conscience, mais sont des remparts contre le Feu divin.

Le « docteur » Tauler, dont la médication est amère, prône le consentement à ne plus être le maître de sa propre paix, à accepter de « subir Dieu en moi jusqu'au bout ». Il conclut ainsi son ordonnance : « Reste dans ton état sans hésitation ; après les ténèbres viendra la clarté du jour, le soleil dans tout son éclat. »

Cette escapade à rebours va me permettre d'éprouver, durant trois jours, l'expérience du *returno*, le pèlerin qui s'en retourne chez lui à pied. J'en esquisse quelques leçons :

— Il est acrobatique, lorsqu'on n'a pas le don des langues, d'expliquer qu'on ne revient pas de Santiago mais d'O Cebreiro ; qu'on ne rentre pas à Paris à pied mais en train, qu'on va seulement à Ponferrada à pied avec entrain. Je m'emmêle les mots, les pas et les pinceaux.

— La marche à contre-courant est « politiquement incorrecte ». De plus, elle est inconfortable. Le balisage jaune est conçu pour un aller simple. Les repères manquent en sens inverse. Un paysage change selon qu'on l'arpente pour la première ou la deuxième fois, dans une direction ou une autre, selon la clarté du jour et la lumière intérieure. Je m'égare à plusieurs reprises. Après une incursion têtue dans un roncier, non loin de Pradela, je dois même épiler un fessier rendu épineux, ce qui ne manque pas de piquant.

— Sur ce chemin hyperbalisé, il est mal vu de se perdre. Le randonneur qui s'écarte du sentier unique devient un rançonneur. La population, soupçonneuse et soucieuse de canaliser ces flots sans cesse grossissants de marcheurs plus ou moins orthodoxes, remet immédiatement le sorti de route dans le droit *camino* : « *Pero qué ? No, no, Santiago por aquí !* » (Mais quoi ? Non, Saint-Jacques, par ici !) Je suis servi en *por aquí*.

— Cette marche à contre-pied offre le bonheur de revoir des frères de route, de retrouver, à un détour de sentier, des amis que l'on croyait perdus : Xavier (« Luc ! »), Daniel (« Salut, mon frère ! »), Jean-Marie (« Eeeeh, mon pote ! »), Sergio (« Luco, amico mio, jé t'embrassse, tou reviens à pié ? »), Eleonora (« Luuuuuuuc, you save me, I don't forget you »), Martine (un sourire, pas besoin de mots)... Embrassades émues. Il faut à nouveau se quitter. Probablement pour toujours ici-bas. Ils arriveront à Santiago quelques jours avant moi. Ce chemin aura été un long chassé-croisé de rencontres, de séparations, de pertes et d'adieux. Voilà qui suscite un vif désir du banquet éternel et des retrouvailles sans fin.

— « Dans la tête des gens, le chemin de Compostelle est un chemin à sens unique, écrit Henri Vincenot dans *Les Étoiles de Compostelle*. On parle toujours des gens qui y vont, jamais de ceux qui en reviennent. Or c'est une entreprise en deux temps, et le second n'est pas le moindre. » La reculade permet d'avoir son ombre derrière soi, comme un suaire abandonné. Ce n'est plus le « vieil homme » qui mène la marche, mais l'« homme nouveau », passé par le creuset du Tombeau. Marcher vers l'ouest, la fin des terres, l'issue de la lumière, c'est passer par une mort symbolique. Dans l'église des premiers temps, on baptisait les catéchumènes en les tournant vers l'ouest : « Renonce à l'obscurité de ton âme ». Marcher vers l'est et vers la Vie, face au soleil levant, c'est se laisser ressusciter. Mais nous retardons souvent nos résurrections (j'en sais quelque chose) pour ne pas oser affronter notre part de ténèbres...

Après avoir joué à cache-cache avec mon ombre durant trois jours, je décide de ne plus tricher et de mener mon voyage jusqu'à son terme, guidé par Nietzsche : « Ce n'est que là où il y a des tombeaux qu'il y a des résurrections. »

16

Il était une foi vers l'ouest

O Cebreiro – Samos (32 km)
Samos – Portomarín (35 km)
Portomarín – Melide (40 km)
Melide – Arca (33 km)
Arca – Monte del Gozo (15 km)

« Chacune de nos rencontres est aussi un adieu. »

Etty Hillesum.

« On ne peut monter au Ciel que si l'on est descendu dans son âme. »

Paul Claudel.

Me voici à l'*última*, le matin du dernier jour. J'ai quitté le refuge d'Arca à quatre heures, dans la nuit pure. Est-ce parce que cette marche vers mon ombre, la partie obscure de moi-même, s'achève aujourd'hui que je tiens à la commencer dans les ténèbres ? Une lune ronde, hostie pâle, s'élève à travers les troncs effilés d'eucalyptus odorants. Dans quelques heures, Compostelle. Pas une ride d'émotion à la surface de l'âme. J'avais invité la joie, elle s'est absentée. La mélancolie aussi. Rien que le vide.

Les yeux s'acclimatent à la pénombre. L'aube rosit à Lavacolla, où se lavaient et se purifiaient les pèlerins avant le grand jour. Une vague de souvenirs, glanés durant cette traversée de la Galice, surgit des hauts-fonds de la mémoire et me submerge. Lesquels aimerais-je conserver ?

Cette confidence douloureuse volée dans le livre d'or de l'auberge d'O Cebreiro : « Je viens humblement demander le droit de faire partie de ce monde empli d'agapes et de bonheur de vivre. Je suis de ces pèlerins toujours exclus de tout et de tous. Demain peut-être serais-je au bout de ma peine. Ultreïa me suivra toujours. »

« Luc ! » Mon prénom, crié au détour d'un carré de vigne, dans la plaine du Bierzo, par un homme tranquille, sac au dos. Il m'a reconnu de loin. Dans son exclamation se mêlent la surprise, l'affection, l'émotion. Nous avançons l'un vers l'autre. C'est Xavier, mon compère du deuxième jour, frère de boue. Nous nous étreignons. Son cri doit ressembler à celui du père de la parabole de l'enfant prodigue lorsqu'il aperçoit, après des mois de guet, son fils égaré au bout de la route poudreuse qui mène à la maison. Dans quel autre lieu peut-on faire ainsi un bout de chemin ensemble, quelques heures durant, et s'attacher de la sorte, sans autre présentation qu'un prénom, une terre d'origine, sans se demander : « Vous faites quoi ? », mais : « Qui es-tu ? » Et supporter de se taire sans que le silence soit lourd, et se quitter comme si l'on se connaissait depuis toujours ? Dans une société où les tribus ne se mélangent pas, le *Camino* offre un surprenant lieu de mixité sociale, un espace étroit où s'élargit l'horizon, où se réussit un certain miracle de fraternité. Bref, un melting-potes.

La louange éperdue dans les vallons de boutons d'or de cette Galice d'un autre âge, ses champs épais qui donnent envie de brouter, ces verts de toutes les couleurs. À Triacastela, sur la plaza do Concello, le sentier bifurque. C'est la croix du choix. Choisir, c'est renoncer. Si j'épouse une femme, je renonce à mille. Si je choisis le chemin de Samos, je renonce à celui de San Xil. Je choisis Samos. Jorêdu reste muet, à ma grande surprise. Je jouis de l'accalmie dans des allées bucoliques aux voûtes de chênes tordus, jetant leurs bras difformes et ligotés de lierre vers des murailles luxuriantes et mystérieuses.

Partout, l'eau, et le cantique du ruissellement. Entre Sarria et Portomarín, on marche sur le « Camineau » : le chemin est un ruisseau jalonné de gros pavés sur lesquels on place ses pieds avec précaution. Parfois aussi, des passages piétonniers de pierres plates en surplomb, les *correidoras*, longent le ru. Après

Melide, au cœur d'une forêt dont le feuillage joue avec les rayons du soleil, un gué de dalles antiques franchit le río Baido Barreiro. Si beau que j'aimerais arrêter l'instant et la course du torrent.

Le parfum médicamenteux des eucalyptus, humés dans les brumes du matin alors qu'on prend les *horreos* — ces constructions surélevées servent à engranger le maïs — pour des chapelles volantes.

La borne 100 franchie avec Alain, menuisier de vingt et un ans venu à pied, avec un ami aussi resplendissant que lui, de son Valais natal « pour remercier de tout ce que j'ai reçu ». Je l'ai croisé la première fois dans la montée vers O Cebreiro. Assis sur la margelle d'une fontaine, il dépouillait, en sifflotant, une couleuvre dont la peau lui offrirait un bracelet. Du vif-argent, ce « petit Suisse ». Il porte au cou une médaille de la Vierge donnée par un SDF à Lourdes, à qui il a laissé son couteau. « Faut pas me parler de courage ! dit-il. Je me lève le matin gaiement et je fais mes trente kilomètres en chantonnant, avec un peu d'eau et de pain. Le bonheur ! »

Cette rumeur entendue et non vérifiée : un ancien SS accomplirait chaque année le *Camino francés* pour expier ses péchés de guerre. Ne serait-il pas l'un des trois tueurs lancés à mes trousses, Mas, Melocotón ou Tampones ? Non, il doit être plus souriant.

Les relents de granit mouillé dans les chemins de confidence, quand des hardes d'Espagnoles caquetantes ne saccagent pas le silence. Seule une sérieuse grimpette leur fait baisser la sono. (Afin de gagner la *compostela*, la plupart des Espagnols partent de Sarria, au plus court des cent kilomètres imposés. Ce qui transforme, aux beaux jours, ce dernier tronçon en poulailler ambulant.)

Ces caravanes de fourmis enjambées, ces processions de scarabées qui tentent eux aussi la grande traversée. Cela s'apparente à un suicide : ce chemin est aussi fréquenté que l'autoroute A13 un dimanche soir. Des carcasses noires écrabouillées jonchent le sol.

Ce choc symbolique dans un village entre une pelleteuse qui déchiquette la campagne à coups de dents et une vache ruminant au milieu de la rue. L'engin pile devant le bovin. L'accident est évité de justesse. Le jeune conducteur engueule le vieux berger. Celui-ci ne répond rien. Il laisse passer, il laisse pisser. Devine-t-il que c'est la fin d'un monde ?

Dans les ruelles de Palas de Rei, un cycliste routard, gueule d'Hemingway et barbe de trois jours, carbure au *vino blanco* et beugle si fort que la *Guardia civil* l'invite à chanter plus loin.

Le faire-part de décès de M. Diego Ferrer, mort à Madrid le 18 mai à l'âge de quatre-vingt-un ans, épinglé sur le tronc d'un peuplier, devant la minuscule église de Ruitelán. Celle-ci porte son cimetière, mangé par les herbes, sur l'un de ses murs latéraux : quatre tiroirs funéraires, postés face au bar des Ultramarinos, comme si elle voulait rappeler la sobriété aux trop bons vivants. Que l'âme de Diego repose en paix.

Une certaine qualité de silence, mais comment décrire cet état de grâce ? Le vent qui court sans autre bannière que des culottes blanches et des maillots de corps pendus à un fil à linge dans un potager, un beuglement comme une corne de brume, la zizanie des gazouillis, le zézaiement d'un bourdonnement, un murmure de source, l'eau qui chante dans la gourde, flic-floc, flic-floc, le chuintement des pas... et le cri muet du Rikiki, puisqu'il suffit d'un chatouillis dans la chaussure pour saboter ce bien-être qui ne demande qu'à s'installer. « Seul un moi vulnérable peut aimer son prochain », dit Emmanuel Levinas.

La visite du monumental monastère de Samos, après avoir déposé le sac sur une paillasse dans le gîte austère, sous la houlette d'un petit moine ludion. Le clerc bondissant s'exclame « *la perspectiva, la perspectiva !* » devant les fresques trop réalistes du cloître. Il sautille dans sa bure noire alors que je danse d'un pied sur l'autre pour soulager mes plantes montées sur épingles. Je comprends son excitation.

Après trente jours d'(heureuse) abstinence, je louche moi aussi vers ces nonnes ultra-sexy, sosies de Sophia Loren et de Gina Lollobrigida, et ces angelottes à la poitrine de Falbala Casta, aux yeux noirs de Rimmel sous des paupières ombrées, troublantes, qui jouent lascivement de la harpe — comment des moines peuvent-ils pratiquer en paix leur vœu de chasteté au milieu de ce harem déchaîné ?

L'annonce par Radio Camino de la mort d'Ignacio, pèlerin basque, décédé à León d'une crise cardiaque. Le sixième de l'année. Il ira droit au Ciel, selon la tradition. Il y sera accueilli par Guillermo, pèlerin britannique dont je lis l'épitaphe ce matin, au bord du sentier : « Ici s'est couché pour son dernier sommeil Guillermo Watt. Rappelé à Dieu en ses soixante-neuf ans — À moins d'un jour de Compostelle, le 17 août 1993 — Année sainte — Il vit dans le Christ. »

Dans un vieux break Renault 12 garé dans le fossé, un adolescent handicapé, mains griffues repliées sur la poitrine, regard vide, attend, prostré, pendant que ses parents labourent leur pauvre parcelle. La femme guide le bœuf, l'homme plonge le soc de bois dans la terre. Cette vieille bagnole est un mystérieux et obscur tabernacle.

Les armoires Coca-Cola rouge et blanc, posées entre les bouses séchées, dans les cours des plus humbles fermes.

L'église-forteresse de Portomarín. Ce cube ocre pâle fut démonté pierre par pierre et reconstruit sur la colline, comme toute la cité dans sa vallée, avant que les eaux d'un lac artificiel ne le recouvre. Sur les trente femmes qui assistent à la messe, ce soir, la jeune sacristine est la seule qui soit âgée de moins de trente ans. Un homme dans l'assemblée, un seul. Peut-être l'« idiot » du village ?

À Palas de Rei, une voisine de bar attablée devant une assiette de poulpe aux piments — une spécialité galicienne — s'asperge d'eau de toilette en me lançant des œillades écœurées. Mon parfum Camino — subtil mélange de transpiration, de senteur de chaussettes, de genêts et d'aubépine, que j'ai mis un mois à doser — lui déplairait-il ?

Peu avant Mélide, juste après avoir franchi le *ponte velha*, pont romain à quatre arches, un homme trapu me kidnappe. C'est le sacristain de l'église du village médiéval de Furelos. Du haut des six marches de son mini-parvis, il promet : « Viens voir le Christ ! » Je ne résiste pas, vu qu'il est costaud, que je ne sais pas dire non, que mes mollets flageolent et que l'invitation vient d'en haut. Il tient parole. Contre le mur droit du sanctuaire, un crucifix grandeur nature semble palpiter. Sa main droite, déclouée, tombe et se tend vers le passant. On a envie d'y glisser la sienne, de la laisser pour toujours et de s'entendre murmurer : « N'aie pas peur puisque tu marches avec moi. Bien sûr, tu seras bientôt arrivé à Santiago, mais ta route continue bien au-delà. Poursuivons-la ensemble. Je suis la Voie, la Vérité, la Vie, c'est le secret du grand Chemin. Ne lâche pas ma main ! » Le sacristain qui n'a de regard que pour son Seigneur tourne autour du vivant gisant en se tordant les mains : « Unique au monde, unique au monde », répète-t-il. Je crois qu'il dit vrai.

« Nous ne pouvons pas faire un pas vers le ciel, s'exclamait Simone Weil. La direction verticale est interdite. Mais si nous crions en bas, alors Dieu descend et nous relève. » Cinquante ans plus tard, le « métaphysicien poète » Gustave Thibon, qui recueillit chez lui, dans sa ferme en Ardèche, la philosophe juive en 1941, écrira au crépuscule de sa vie cette profession de foi qui étreint mon maître devant le Crucifié de Furelos :

> *« Je crois en vous que j'ignore.*
> *Faut-il que je vous reconnaisse à l'heure même*
> *Où vous ne m'êtes plus présent que sous la forme de l'absence,*
> *Comme les disciples d'Emmaüs ne reconnurent le Christ*
> *Que lorsqu'il allait les quitter,*
> *Alors que leurs yeux étaient aveuglés lorsqu'il cheminait avec eux.*
> *(...) Je crois en vous puisque je vous ai trahi.*

Je vous reconnaîtrai aux blessures que je vous ai faites.
Jadis, j'étais fort et vous me portiez, Seigneur ;
Aujourd'hui je suis faible et c'est à moi de vous porter.
Mais je ne veux pas achever en moi le Dieu blessé,
Et c'est votre faiblesse que j'aime.
C'est à nous de vous réanimer, vous, l'infiniment faible,
Dieu désarmé vainqueur du Dieu des armées.
Je veux retrouver le Christ en agonie
À travers tous les Christs triomphants[1]. »

1. Gustave Thibon, *À Dieu*, Plon.

17

Terre promise

Monte del Gozo – Santiago (5 km)

« Où toutes les routes finissent commence l'autre voyage. »

Christiane SINGER.

« Il y a de ces voyages qu'on dirait faits pour illustrer la vie même et qui peuvent servir de symboles à l'existence. »

Joseph CONRAD.

C'est entendu, la déception fait partie de la « psychoterre-à-pied » du *Camino*. Pourtant, le monte del Gozo, la butte finale, me reste en travers de la gorge. Jadis, vers ce mont de la Joie, les ancêtres couraient. Le premier arrivé à la croix érigée au sommet s'écriait en découvrant la Terre promise à ses pieds : « Santiago ! Santiago ! » Un cri unanime répondait à la vigie, d'une allégresse immense : « Montjoie, saint Denis ! »

Ils se précipitaient tous vers le calvaire, répétant le cri, ouvrant les bras, tombant à genoux, s'étreignant, pleurant. Le premier qui avait aperçu la ville de l'Apôtre était surnommé « le Roi » du pèlerinage. Ce nom lui était offert, à lui et ses descendants : Leroy.

Aujourd'hui, les rois sont les promoteurs-bétonneurs. Ils ont transformé cette colline inspirée en complexe touristique. Au Monte del « gogo », l'accueil est aussi chaleureux qu'un euro. J'ai beau fouiller du regard la ville animée dont les faubourgs bruyants poussent à la place des champs, en contrebas du *Complejo hospitalero*, je ne distingue aucun clocher. La cathédrale de Santiago demeure invisible, engloutie dans l'agglomération.

« C'est un lieu, pourtant, où les hommes pleurent », murmure Paul, cinquante-cinq ans, originaire de Haute-Provence. Lui aussi est parti d'Arca ce matin, dans la nuit. Nous sommes assis au pied de l'immense croix qui surplombe la butte de la joie absente. Il est environ neuf heures. L'homme heureux au regard bleu laisse les larmes se perdre dans sa barbe poivre et sel. L'an dernier, il a quitté Saint-Jean-Pied-de-Port, « athée satisfait » ; il est arrivé à Saint-Jacques, « chrétien ardent ». La semence de foi tombée en terre dans sa petite enfance s'est réveillée sur le Chemin. Paul achève ce second périple pour remercier. Dans quelques semaines, il sera hospitalier à Logroño, « afin de rendre un peu de ce que le Chemin m'a donné ».

Compostelle, « la plus heureuse et la plus noble de toutes les villes d'Espagne », souligne Aymeri Picaud dans son *Guide*. Ici, poursuit-il, « la santé est donnée aux malades, les prières des fidèles sont exaucées, leurs vœux s'accomplissent, les chaînes du péché tombent, le ciel s'ouvre à ceux qui frappent, la consolation est donnée aux affligés et tous les peuples étrangers venus de toutes les parties du monde accourent en foule, apportant au Seigneur leurs présents et leurs louanges ! »

Le chanoine avait-il fumé ? Est-ce l'euphorie de la marche qui excitait son lyrisme, ou les transports d'une foi renouvelée ? Malgré l'indignation de buter contre de hautes grilles — les pistes de l'aéroport de Lavacolla barrent le vieux chemin, le silence ultime est saccagé par les rugissements des réacteurs —, malgré la déception du Monte del Gozo, malgré celle qui m'attend à la cathédrale, aussi bondée et bavarde que les Galeries Lafayette un premier jour de soldes, une secrète exaltation me fait communier aux dithyrambes du clerc de Parthenay.

Comme lui, comme des milliers de pèlerins depuis mille ans, je descends par un lacis de ruelles vers la ville sainte, partagé entre l'excitation et le saisissement, la précipitation et la crainte. L'avenida dos Concheiros, la rúa San Pedro, la rúa das Casas Reais conduisent à la plaza de la Immaculada, face à la porte nord de la cathédrale, cette célèbre Puerta del Paraiso, la porte du Paradis si bien nommée.

veux pas tout de suite entrer au paradis. Je diffère le moment tant espéré et tant redouté en longeant ses murailles. Je franchis l'Arco del Obispo, sous le Palacio de Gelmirez, et descends jusqu'à l'immense plaza del Obradoiro où s'amarre le vaisseau gigantesque.

« Maintenant notre marche prend fin devant tes portes, Jérusalem. Jérusalem, te voici dans tes murs ; ville où tout ensemble ne fait qu'un ! C'est là que montent les tribus, les tribus du Seigneur... » (Ps 122).

Montons, donc. La foule m'entraîne avec elle dans le double escalier de granit, vers la basilique dorée, « longue à l'intérieur comme cinquante-trois fois la taille d'un homme », dit Picaud. « Les pèlerins ne regardaient qu'elle, ne voyaient qu'elle, ajoute Georges Blond. Au terme de leur voyage, elle était une patrie, un doux berceau géant, mais aussi un navire, prêt à les accueillir pour les transporter jusqu'au Paradis [1]. »

La façade rousse regorge de tours, de clochers, de balustres, de pilastres, de statues et de mille exubérances. Le portail franchi, c'est un autre saisissement. Derrière la débauche baroque éclatant au grand jour se dissimule la pureté d'un narthex d'ombre. Une longue file d'attente serpente jusqu'au pilier central du porche de Gloire. Achevé en 1188 par son maître d'œuvre Mateo, ce joyau roman rassemble plus de deux cents figures qui se distri-

1. Georges Blond, *L'Homme, ce pèlerin*, Fayard.

buent sur les trois arcs correspondant aux trois nefs. Il offre, écrit un pèlerin du xve siècle, la représentation de « tout ce qui est arrivé depuis Adam et de tout ce qui arrivera jusqu'à la fin des temps ». Au centre du tympan, le Christ ressuscité, en majesté, entouré des évangélistes. De chaque côté de son trône, des anges présentent les différents attributs de la Passion : la croix, la couronne d'épines, les clous... À ses pieds, sur le trumeau central, saint Jacques accueille les pèlerins, appuyé sur son bâton.

L'Apôtre domine une colonne de marbre connue sous le nom d'Arbre de Jessé (le père de David). Ce tronc feuillu représente la généalogie humaine du Christ. Depuis des siècles des millions de mains l'ont frôlé, effleuré, caressé, poli. Les doigts, à force de s'agripper, ont creusé cinq trous dans le granit. On patiente de longues minutes avant d'enfoncer à son tour ses ongles dans cette prise de terre et de ciel, qui nous branche avec l'immense peuple des gueux de Dieu, les frères humains, morts et vivants. La cour céleste du Porche sublime, qui surplombe la foule des humains, semble rire de bonheur, complice.

Mon maître ne sait exprimer ce qu'en son âme il éprouve. Étranger dans la ville des sédentaires, absent dans la foule des citadins, il est présent et ailleurs. Paisible, au-delà de la diffraction des impressions et de la contradiction des émotions. Il sent confusément, en embrassant l'arbre de pierre, qu'il fait l'expé-

rience insensible d'une certaine mort, d'un passage, d'une naissance nouvelle.

Je vais l'aider un peu, comme à mon habitude, grâce aux mots d'un autre, le frère pèlerin Serge Grandais : « Le secret inouï de Compostelle qui fait courir depuis mille ans des millions de croyants et d'idolâtres se révèle en cet instant singulier et mystique où votre vie se voit en un présent pascal fixé à tout jamais. Cette arrivée a un goût de sacrement. Le pèlerin fait l'histoire car il est au Christ. Toute la route y mène et y tend par les épreuves, les tensions, les joies et les éblouissements. [...] Le Christ de l'Apocalypse se tient en splendeur de pierre, préfiguration du jour de Gloire. Et le pèlerin dans son sac chargé de souvenirs et de foi sait qu'il y a désormais un au-delà déjà inscrit à ce portail. Saint Paul nous l'a bien dit : "Alors tout sera achevé, quand le Christ remettra son pouvoir royal à Dieu le Père, après avoir détruit toutes les puissances du mal. C'est Lui en effet qui doit régner jusqu'au jour où il aura mis sous ses pieds tous ses ennemis. Et le dernier ennemi qu'il détruira, c'est la mort, car il a tout mis sous ses pieds" (I Co 15, 24-28) [1]*. » Inutile d'insister, après cela, sur l'importance des pieds dans l'histoire du salut..*

Compostelle est une ville jeune, gaie, harmonieuse, vivante, effervescente, accueillante au monde entier. Son granit est multicolore, bleu

1. Serge Grandais, *Récits d'un pèlerin français*, Éditions Salvator, 2000.

à l'aube, vert quand il pleut, ocre au couchant. Dans les jointures des pierres se nichent des fleurettes bleues. Lichen et mousses colorent les façades. Des clochers et des clochetons, des églises et des monastères, des places et des palais, des ruelles et des fontaines, des escaliers et des arcades, des portes et des toits de tuile en enfilade. Merveille des merveilles.

Il paraît que les cavaliers sont arrivés. Compliments aux chevaux, ils auront bien marché.

Daniel aussi est à bon port, prévient Radio Camino, avec les deux Jean-Marie, mais je ne les croiserai pas dans les ruelles vagabondes. Ni Martine, ni Stefan, ni Sergio, ni Xavier, ni Eleonora, déjà repartis. Ni Laurence, la bohème aux petits pas.

J'aurais dû ne pas oublier que la *compostela* donne droit à un repas gratuit à l'ancien hôpital royal, devenu *parador* de luxe, l'*hostal de los Reyes Católicos*, sur la place de l'Obradoiro. Les dix premiers à se présenter sont installés dans les arrière-cuisines du troisième sous-sol, avec le personnel. J'aurais dû... Mon Jorêdu n'est pas définitivement extirpé, mais j'accepte désormais de cohabiter avec lui.

À midi, messe des pèlerins à la cathédrale. De vrais-faux pèlerins, tout droit débarqués de la gare, déguisés avec bourdon neuf, coquille toc, chapeau en feutrine qui n'a pas essuyé la moindre goutte de pluie — heureusement pour le couvre-chef de pacotille —, paradent dans les premiers bancs de la nef et écartent les « routards » dans les allées latérales. Les indulgences promises effaceront-elles la peine due pour mes calomnies ? « La mort pour finir ne pose qu'une seule question : a-t-on aimé ? », affirme le philosophe Jean-Luc Marion. Ce pèlerinage m'invite au même examen de conscience.

Les frères de la longue marche sont éparpillés dans la foule bavarde, relégués aux oubliettes. Au baiser de paix, on se repère entre compères. On fend la houle à coups de coude, on s'aborde, on s'agrippe, on s'étreint, on s'accole, les yeux humides. « Pour l'amour de mes frères, de mes amis, laisse-moi dire : paix sur toi ! Pour l'amour de la maison de Yahvé notre Dieu, je prie pour ton bonheur ! » (Ps 122, 8-9). Les autres ne peuvent pas comprendre.

Nos mauvaises odeurs (et mes mauvaises pensées) se dissiperont-elles dans l'encens du *botafumeiro* * ? Cet encensoir géant est suspendu à la voûte par une longue corde. Lancé par huit confrères experts après la communion — les *tiroboleiros*, vêtus d'une tunique rouge —, l'attraction fumante se balance en sifflant au-dessus des têtes, dans le transept, à la vitesse de soixante-dix kilomètres-heure. Il décrit un arc spectaculaire de cinquante mètres et semble s'abaisser un peu plus à chaque passage. Les enfants se réfugient dans les bras de leurs parents, qui eux-mêmes rentrent la tête. Droit debout, dans les volutes, le pèlerin reste de marbre. Il n'a plus peur de la mort.

Des *compañeros* se refusent à rompre l'enchantement. Ils errent dans les ruelles de Compostelle à la recherche d'un visage connu, d'un complice d'appareillage pour prolonger cette communion fugitive, avant-goût de paradis, cet instant de grâce qui, comme tous ceux qui les ont précédés, n'est qu'une promesse des noces éternelles. Il n'y a pas que le premier pas qui coûte, il y a le dernier. Accepter la fin du voyage est la tâche la plus rude. Le rêve s'évanouit quand il se réalise.

On ne fait pas le chemin, dit-on, c'est le chemin qui nous fait. Et nous défait. Féconde débâcle. Je suis désormais de ce Chemin comme d'un pays. Étroite contrée de l'élargissement, qui n'a pas un mètre de large. Je la quitterai à regret. Elle n'est qu'un tremplin vers la Terre promise.

Dans une minuscule chapelle latérale de la ruche-cathédrale, consacrée à la Vierge de Lourdes, un prêtre célèbre la messe entouré d'une dizaine de fidèles. Je me glisse contre un pilier.

Première lecture, une épître de saint Paul aux Philippiens, lancée d'une voix rauque par une mamma espagnole (je la décrypte grâce au missel de poche *Magnificat* qui m'a offert chaque jour les textes saints de la liturgie en français — toujours tombés « pile poil », à croire qu'ils ont été écrits pour moi) : « Celui qui est de condition divine ne retient pas jalousement le rang qui l'égalise à Dieu... » Je commence à piquer un petit roupillon, confortablement appuyé contre mon obélisque qui part soutenir une coupole à trente-deux mètres, là-haut, quand la mamma pousse le volume et se met à clamer comme si on l'avait branchée sur une ligne à forte tension : « ... mais il s'est anéanti, il s'est appauvri, il est descendu... » Je sursaute, prête une oreille, puis les deux. « ... Il est devenu un pauvre et il s'est humilié encore plus pour devenir obéissant jusqu'à la croix, jusqu'à la mort de la croix, il est devenu de plus en plus petit... »

Me voilà complètement réveillé, avec un clignotant dans le palpitant qui annonce l'imminence d'un message urgent. La mamma regagne sa stalle en s'épongeant le front, tel le prophète Jonas après avoir traversé Ninive en appelant à la conversion.

Le prêtre, jeune homme brun ascétique, prend la suite à l'ambon pour l'Evangile. Il n'élève pas la voix malgré le bourdonnement de l'essaim qui nous cerne. Il lit le texte sacré en articulant chaque mot comme s'il épelait un télégramme ou croyait à ce qu'il dit : « ... Celui qui accueille un de ces petits en mon nom m'accueille, et celui qui m'accueille accueille Celui qui m'a envoyé... »

De ma soupe cervicale émerge une bulle. Elle crève. C'est une intuition big bang. D'habitude, ces pensées trop rares filent comme des comètes dans mon cortex sidéré et ne se laissent pas attraper. Mais celle-ci éclate en gerbe d'évidences : Dieu, qui s'identifie au plus petit, au plus faible, au plus pauvre... Je murmure à voix haute : Riki... Christ ! Une Espagnole se tourne vers moi, les sourcils convexes, la bouche en oh. Je lui décoche un sourire en flèche. J'ai envie de l'embrasser. J'ai envie d'aimer tout le monde, même les Hispaniques.

Ce petit orteil que j'ai méprisé, dont j'ai voulu ignorer la douleur, serait-il une parabole du « serviteur souffrant », ce Christ crucifié par nos manques d'amour, ce Dieu réduit à néant, ce Tout-Puissant rendu esclave, ce Très-Haut qui vient prendre la dernière place ?

Là, soudain, contre mon pilier, j'éprouve un besoin pressant. Celui de demander pardon. Plus que la nécessité impérieuse de soulager une conscience, d'effacer une ardoise, le désir ardent de réparer une injustice. Demander pardon à Dieu, et au plus petit de mes petits orteils qui Le représente, comme Il symbolise aussi tous ces hommes, ces femmes, ces Espagnols que j'ai dédaignés, jugés, raillés, méprisés, toisés, foulés aux pieds de ma superbe.

Rikiki chéri. Je voudrais l'embrasser, ce petit gnome cabossé qui dépasse de ma sandale et m'émeut tant subitement. Je pose mon pied gauche sur ma cuisse droite. Puis je m'incline vers lui tout en essayant d'élever la cheville. La contorsion est douloureuse. Les courbatures s'éveillent. La mécanique coince et refuse de plier davantage. J'aurais l'air malin si je restais bloqué dans cette posture acrobatique, et si je devais être rapatrié en boule. Ma voisine m'a définitivement rangé dans la catégorie des doux dingues. Ça n'a aucune importance : je suis réconcilié avec le monde entier.

Le prêtre élève longuement l'hostie-Dieu, au milieu du grand Capharnaüm des vénérateurs de reliques. Il fixe cette rondelle insigne où se concentre l'un des paradoxes fous du mystère du Salut.

Je réalise à cet instant que j'ai marché vers un tombeau vide, un temple de pierre. Le véritable sanctuaire est le cœur de l'homme, de chaque homme. Un sanctuaire de chair que veut habiter ce Dieu pèlerin qui se fait le plus petit pour n'être refusé par personne, et le plus pauvre pour ne pas s'imposer.

Je n'irai pas au bout du monde, à la Fin des Terres, écouter le chant des étoiles sur l'océan, ramasser ma *concha*, ma coquille, sur la plage de Padrón.

Inutile de s'attarder. Le Chemin s'arrête ici. Et il commence ici. Ces derniers pas sont les premiers d'un autre voyage.

Épilogue

« Un bon ange l'accompagnera, il fera bon voyage et il reviendra en bonne santé. »

Livre de Tobie (5-27).

« Dans les temps anciens, il y avait des ânes que la rencontre d'un ange faisait parler. »

Victor HUGO, *Fragments*.

Il est temps de jeter le masque avant que le rideau tombe. Rikiki Gnomon n'est qu'un prête-nom. Je suis l'Ange des Missions impossibles et des Opérations spéciales — on me surnomme Rickie Key en Paradis ou le « Che » Rubin. Un invisible gardien que Dieu a envoyé pour ramener son enfant — mon maître — à la Maison et à la raison. Ce Père a la passion des sales gosses et des fugueurs. Il dépêche ses meilleurs éléments — les commandos de la miséricorde — à leur poursuite.

Malgré la débauche de bienveillance prodiguée dès sa tendre enfance par la Providence, mon maître demeurait rebelle à tout appel. J'ai dû me glisser dans la peau du plus petit de ses appendices pour l'amadouer un peu et lui susurrer quelques vérités oubliées. Cette confidence, bien sûr, reste entre nous.

« Les anges volent parce qu'ils se prennent à la légère », disait Chesterton. Vous me pardonnerez si j'ai parfois été lourdingue, mais mon vol ressemblait à du rase-mottes.

Que restera-t-il, amis pèlerins — ainsi devrais-je vous appeler, vous qui avez déroulé ces lignes avec l'indulgence que mon maître n'avait pas pour lui-même — de cette marche à l'Étoile ? La nostalgie de l'émerveillement, de la jubilation, de l'allègement, bien sûr. Et bien plus. La certitude que rien ici-bas ne peut combler ce vide qu'on ressent en soi-même, ce manque qui n'est que la marque en creux du divin modèle. La conviction ravivée que la Vie est promise, l'éternité acquise, le Salut offert pour les hommes de passage ici-bas s'ils consentent à tendre la main vers celui qui est le Chemin, Christ vagabond aux pieds nus, dont l'incarnation est l'icône de tout pèlerinage.

Mais encore ? Le reste n'appartient qu'à mon maître. Seul « Celui d'En haut le sait », suggère avec justesse le poème de Najera. Car ce Dieu déconcertant exauce toujours comme on l'espère, mais jamais comme on l'attend. « Mes chemins ne sont pas vos chemins, dit le Seigneur » (Is, 55, 8).

Au fait, je ne suis pas sûr que mon plan soit un succès total. Certes, le pèlerinage a un peu dépouillé mon maître de son encombrant lui-même pour le mettre à l'écoute d'autres voix. Son « moi » fait moins de bruit. Il a touché du doigt (de pied) quelques vulnérabilités et médité sur certaines limites. L'expérience a tempéré sa suffisance et sa toute-puissance, d'autant qu'il sait que cette marche à l'Étoile, balisée et sécurisée, est un non-exploit à l'heure où son ami Émeric Fisset défie le détroit de Béring après avoir traversé l'Alaska à pied. Le Camino *est un chemin d'enfant. Pour retrouver un cœur d'enfant ?*

À vrai dire, il a été difficile pour mon maître, après cette marche en liberté, de revenir à un mode de vie imposé et au cycle morne de l'éternel retour du métro-boulot-dodo, même s'il essaie d'y insuffler la joie du Ressuscité ; la peur de l'autre alors qu'il a goûté la rencontre fraternelle ; la laideur bétonnée quand il a vu jaillir la beauté à chaque détour de sentier ; la sédentarisation obligée alors que le monde est si beau, et qu'il est façonné pour passer, passer, puisqu'il a l'« Ultreïa » au fond des gènes, au bout du Rikiki.

De fait, il n'a jamais pu reprendre une vie tout à fait « normale ». Cela m'inquiète un peu. Le Chemin aurait dû lui enseigner la présence à l'instant. Or il demeure en décalage, comme débranché d'avec la société des hommes ; il refuse la précipitation du monde, boycotte les « infos », ne lit plus les journaux ; rêve des heures entières à d'autres appareillages ; s'émerveille d'une aube bleue, d'une larme de rosée sur une fleur, d'un sourire sur un visage ; pleure devant le malheur, gémit devant la douleur ;

oublie des rendez-vous d'« affaires », s'absente de réunions importantes, mais cultive l'accolade avec des gens « de peu » ; se contrefiche de sa « carrière » et des placements bancaires ; néglige de répondre au téléphone lorsqu'on le sonne ; parfois même n'ouvre pas son courrier, ni sa porte d'entrée.

Il ne cultive guère son apparence. Des sandales le chaussent à la belle saison. Assis sur le strapontin d'un métro ou sur le banc d'un square, il me caresse souvent, en marmonnant des mots que Dieu seul devine. Parfois un sourire flotte sur ses lèvres, comme s'il était visité de songes heureux.

Sans doute prie-t-il. S'il ne murmure pas le nom de Jésus, cette prière des pauvres reçue en Chemin, peut-être récite-t-il l'imploration maladroite qu'il a composée en rentrant de Compostelle et qui me fait rougir comme un compliment :

« Seigneur, je suis un Rikiki, un tout-petit. Je ressemble au dernier de mes orteils. Apparemment, je ne sers pas à grand-chose, je suis la cinquième roue du carrosse. J'ai même souvent l'impression d'encombrer, de gêner, d'entraver la venue de Ton règne. Cela ne m'empêche pas d'avoir les chevilles qui gonflent et de me croire le nombril du monde. Donne-moi l'humilité de ne pas me mépriser, de me regarder comme un serviteur inutile qui a néanmoins une place unique dans l'ordre sublime de Ta Création.

« Moi qui vis en bas de moi-même, attire-moi vers en haut. Tire-moi vers Toi. Fais de moi un pèlerin assoiffé de Ton eau vive, toujours insatis-

fait des biens d'ici-bas, qui ne se laisse pas piéger par les fontaines empoisonnées, les idoles du monde et le mirage des faux bonheurs.

« Accorde-moi Ton pardon pour ce que je gâche en moi, comme je Te demande pardon pour tous ceux que je piétine de mes jugements, de mes calomnies, ceux que j'écrase de mes ignorances et de mes médisances. Pardon aussi de ne pas Te reconnaître dans les plus petits et les plus pauvres.

« Seigneur, que Ton regard devienne mon regard, que Ton sourire devienne mon sourire, que Ton visage devienne mon visage. Accorde-moi chaque jour la grâce de Te choisir ; de glisser ma main dans la Tienne, de poser mon cœur sur le Tien ; de marcher avec Toi vers la maison du Père ; de me laisser traiter de "bête comme mes pieds" sans bouder ni chercher vengeance ; de me laisser, comme un orteil, modeler par Ta grâce, déformer par les événements que Tu permets dans Ta sagesse mystérieuse dont la lumière nous échappe ; de me laisser même écrabouiller pour l'amour de Toi, si cela permet au Royaume de survenir en nous et à Ta présence de paix de grandir dans notre monde douloureux et magnifique. Amen. »

Abécédaire du petit jacquaire

> « J'ai fait le chemin, c'est moi qui vous conduirai,
> Qu'aucun autre ne fasse l'important. »
>
> Paul CLAUDEL, *Nuit d'hiver*, dans *Poèmes de guerre*.

ADIEU

Ce mot de la fin est pour un pèlerin celui du commencement.

« Le jour où le Seigneur l'appellera, il ne sera ni inquiet ni surpris, écrit le père Besnard dans *Par un long chemin vers Toi* (éditions Foi vivante). Il aura connu ce départ, il l'aura aimé — cette façon de s'en aller en laissant toutes choses, prêt à les reprendre ou à ne les plus jamais trouver selon ce que Dieu voudra. Le délaissement lui aura été familier, il en aura fait l'exercice et la manœuvre, il est prêt. Pour avoir pris un jour un pèlerinage au sérieux, il trouve la mort douce et prometteuse, et cette patrie qu'il a cherchée sur terre en parabole, il s'apprête enfin à la trouver en éternité. »

ALGAZEL

Poète et philosophe musulman, né à Jaén. Il écrit en 845, à propos des « dévots de Monseigneur Saint Jacques » : « Leur Kaaba est une idole colossale qu'ils ont au centre de l'église ; ils jurent par lui. Et depuis les contrées les plus lointaines, depuis Rome aussi bien qu'au départ d'autres pays, ils y viennent en pèlerinage et prétendent que la tombe qu'on voit à l'intérieur de l'église est celle de saint Jacques, un des douze apôtres, et le plus chéri d'Isa ; que descendent sur lui la bénédiction et le salut de Dieu, et sur notre Prophète. »

AMPOULE

« C'est un vertige délicieux. On pourrait presque s'allonger. On s'allonge, d'ailleurs. Le soleil pleut dans les branches. On pose son fessier sur l'herbe tendre. Les bretelles du sac glissent le long des épaules. Ses rondeurs s'improvisent appuie-tête. La nuque repose sur le tee-shirt qui sèche. Le linge sent bon le soleil. Une brise s'invite, caresse la peau du dos comme une main légère. Tendre frisson. Chair de poule acidulée.

« Il faut étendre les jambes. Fermer les yeux. L'herbe chatouille le creux des genoux. Fouiller dans la poche latérale droite, saisir la gourde et laisser l'eau tiédie qui fleure la ferraille vous inonder la gorge, goutter sur la poitrine en sueur. Puis poser la trousse à pharmacie à côté de sa hanche. Replier la jambe gauche. Attraper le lacet qui vient tout seul et libère le col du godillot. La chaussure bâille, c'est exquis.

« Délacer sans hâte. Retirer le pied emmailloté aussi délicatement qu'une porcelaine ancienne. On savoure la jouissance de la dilatation des métatarses. On enlève la chaussette de laine en grosses mailles grèges, moite, presque rugueuse. Puis la seconde couche, crème, en coton perlé. Un pansement accroche au fond. On tire un peu. Aïe. Le pied, blême, laiteux, sort de sa caverne tiède. Ce mort vivant semble incongru dans ce paysage de couleurs crues. Les mains brunies par des jours de marche au grand air le palpent, effleurent les poupées de sparadraps qui ornent ses orteils. Elles poursuivent leur investigation délicate et fraternelle, frôlent la cloque blonde sur le côté du petit orteil gauche. Des millions de capteurs invisibles, à la surface de la peau, retransmettent ces chatouillis minuscules.

« On mouille dans sa bouche l'extrémité du fil, on affine cette flèche de coton en la faisant rouler entre le pouce et l'index. On essaie, en pouffant car la main tremble, de viser le chas. On chauffe l'aiguille d'argent, parée de sa longue queue de souris blanche, à la flamme du briquet. On presse la pointe noircie contre le bubon translucide, dans une acrobatique posture qui réveille des courbatures endormies. Elle pénètre la cloque. Perle une goutte d'un liquide rosâtre et jaune à la fois.

« Trop sensible, on serre les mâchoires comme si on était en train de s'amputer d'une jambe ou deux. On pousse le dard ; il traverse l'ampoule. On extrait l'aiguille. La cloque se dégonfle en suintant. On laisse le fil, drôle de moustache. On tapote d'un coton imbibé de Betadine, un antiseptique rouge fluo comme le sirop de fraise des goûters d'enfant. Une sueur froide trempe la chemise. On pousse un soupir de soulagement devant cette opération héroïque. On se retourne, on déplie la jambe, on place le pied en hauteur, sur le sac à dos. Il trône comme un prince convalescent. On ferme les yeux en goûtant ce soulagement indécent, dans l'ombre lente du soir qui monte. » C'était « Percer l'ampoule », façon Philippe Delerm. (Voir aussi à PIED.)

ANNÉE SAINTE

Décrétée par l'Église catholique lorsque la fête de saint Jacques, le 25 juillet, tombe un dimanche. Ce privilège a été institué en 1122 par le pape Calixte II. La porte sainte de la cathédrale de Santiago est démurée solennellement le 31 décembre, et remurée le 31 décembre suivant. Au cours du XXe siècle, quatorze années saintes ont été célébrées à Santiago. Les dernières : 1982, 1993 et 1999. La première du XXIe siècle sera 2004.

C'est un temps où l'Église veut ouvrir plus largement aux hommes le trésor d'amour et de vie qui est l'héritage du Christ et des saints : ce que symbolise l'ouverture de la porte sainte (voir COMMUNION DES SAINTS).

BALLADE

« Quand nous partîmes de France
En grand désir,
Nous avons quitté Père et Mère
Tristes et marris ;
Au cœur avions si grand désir
D'aller à Saint-Jacques,
Avons quitté tous nos plaisirs
Pour faire ce saint voyage. »
(*La Grande Chanson des pèlerins de Saint-Jacques*.)

BARRET, BERNÈS, BOURLÈS

Trois B majuscules, trois mousquetaires du *Camino*, trois acteurs de la renaissance contemporaine de la marche vers Saint-Jacques.

Barret, Pierre. Journaliste-écrivain, passionné par le Moyen Âge, il préparait avec son complice Jean-Noël Gurgand une œuvre romanesque sur les croisades et les pèlerinages lorsque, fascinés par cette gigantesque migration de la foi, ces deux « mal-croyants » décidèrent de mettre leurs pas dans ceux des aïeux « marcheurs de Dieu ». Ils quittèrent Vézelay le 19 avril 1977 et atteignirent Compostelle cinquante et un jours plus tard. Ils tirèrent de leur périple et de leurs recherches un livre fameux et inégalé (*Priez pour nous à Compostelle*, Hachette, 1999) qui contribua à réveiller en France le grand pèlerinage endormi. S'il ne doit y en avoir qu'un, c'est sans doute le bouquin à emporter dans son sac, avec la Bible.

« L'homme est resté pèlerin dans l'âme, y écrivait Pierre Barret. Et c'est peut-être à son pas, au ras des talus et des fossés, que se mesure la distance qui mène de la Terre au Ciel. » Comme Jean-Noël Gurgand, il mourut quelques années plus tard, en 1988. Il avait cinquante-deux ans.

Bernès, Georges. Prêtre, curé de Tillac, il publia à compte d'auteur, dès 1973, le premier *Guide du chemin de Saint-Jacques en Espagne*, tracé des chemins oubliés qui exigea des années de patientes recherches et de laborieuses pérégrinations.

Bourlès, Jean-Claude. Cet ancien haut fonctionnaire sillonne depuis des années, avec son épouse, Gisèle, les chemins de pèlerinage. Fasciné par celui de Compostelle, intrigué par la « folie Saint-Jacques » qui lance de plus en plus de gens vers la tombe de l'apôtre, ce poète marcheur, « pèlerin sans la foi », lui a consacré plusieurs ouvrages justes et sensibles : *Retours à Conques*, *Le Grand Chemin de Compostelle*, *Passants de Compostelle* (Payot).

Basque

Honni par Aymeri Picaud, qui en dit pis que pendre : « C'est un peuple barbare, débauché, pervers, perfide, déloyal, corrompu, voluptueux, ivrogne [...]. Pour un sou seulement, le Navarrais ou le Basque tue, s'il le peut, un Franc. »

Botafumeiro

Encensoir géant, pesant quatre-vingts kilos et haut de un mètre soixante, suspendu à la voûte de la cathédrale de Saint-Jacques et balancé sous les ors baroques du transept, dans de grands sifflements, par huit confrères experts, grâce à un ingénieux système de poulies, lors des grandes fêtes et des messes de pèlerins (chaque jour lors des années saintes). Souvenir du temps pas si lointain où la crasse, la sueur et la vermine étaient les compagnons inéluctables d'un voyage à pied.

Bourdon et besace

Ces attributs du pèlerin étaient bénis avant le départ. La musette contenait quelques vivres et les attestations. Le bourdon ferré était un « bâton d'espérance, Ferré de charité, Revêtu de constance, D'amour et de chasteté », dit la *Chanson du devoir des pèlerins*. On pendait à son sommet une gourde. Cette « épée spirituelle » servait de canne, éloignait chiens et loups. Elle demeure très utile. Le chapeau aussi, pour se protéger du soleil et des intempéries. Pour rythmer leur allure, de nombreux marcheurs troquent le traditionnel bourdon contre deux bâtons télescopiques.

Budget

À moins de coucher à la belle étoile ou de quémander son gîte, de boire aux seules fontaines et de mendier son pain (difficile sur un itinéraire aussi fréquenté), il en coûte environ 25 à 30 euros par jour pour marcher vers Saint-Jacques en France (compter 10 euros en moyenne pour une nuit dans un gîte privé ; le triple dans un hôtel).

Ce prix est réduit de moitié en Espagne (ce qui explique en partie l'affluence des randonneurs). La vie est moins chère et les refuges municipaux qui jalonnent le chemin, accessibles aux détenteurs du *credencial*, sont gratuits ou à contribution modique. Il est bienséant de laisser au moins 3 ou 4 euros pour la nuit. « Si tu ne peux pas, que Dieu te bénisse... » De nombreuses *fondas* (« auberges ») proposent un copieux « menu du pèlerin » pour environ 6 euros.

Caillou

Mieux vaut l'avoir dans le sac que dans la chaussure ou à la place du cœur. Le pèlerin emportera une pierre de chez lui pour la déposer au pied du cairn de la cruz de Ferro, à mille cinq cents mètres d'altitude, dans les montes de León (entre Astorga et Ponferrada). Cette croix de fer est fichée au sommet d'une perche de cinq mètres de haut. Sans doute un vestige des quatre cents pieux que la municipalité d'Acebo s'engageait à maintenir en place pour guider les pèlerins quand les chutes de neige effaçaient le chemin.

Ce caillou, poids supplémentaire, fardeau inutile, symboliserait les biens superficiels auxquels nous sommes trop attachés et les dépendances dont on cherche à se délivrer en pèlerinant. On peut emporter plusieurs pierres : les cairns ne manquent pas sur le chemin (on les appelle « monts-joie »), les avoirs superflus non plus.

CAMINO FRANCÉS

Tous les chemins mènent à Compostelle. Il a existé une multitude d'itinéraires pour rallier Santiago. Le plus connu est le *Camino francés*.

Au pied de la colline d'Obanos, à l'orée de Puente la Reina, la silhouette de bronze d'un pèlerin veille sur la jonction de deux routes. L'une vient du col du Somport, l'autre de Roncevaux. Elle n'en feront plus qu'une jusqu'en Galice. Ce « chemin des Francs » traverse le nord de la péninsule Ibérique, longe les monts Cantabriques, traverse les villes de Logroño, Burgos, León. C'est la partie la plus visible de l'itinéraire jacquaire, celle où l'œuvre bâtie par les pèlerinages se montre dans toute sa splendeur.

Le *Camino francés,* transformé aujourd'hui en chemin de grande randonnée — une partie de l'itinéraire traditionnel est recouverte par le goudron des nationales —, balisé de marques jaunes, est de loin le plus fréquenté.

CATHÉDRALE

Oyez frères pèlerins, la cathédrale de Santiago ouvre à sept heures du matin, qu'on se le dise si l'on préfère découvrir dans le calme, avant qu'elle se transforme en ruche, cette prodigieuse « pièce montée d'architecture ». La messe des pèlerins est célébrée chaque jour à midi.

CHAUSSURES

L'habit ne fait pas le moine, et la chaussure ne fait pas le marcheur. « Certains iront comme des princes, chaussés de trois fois rien. D'autres iront comme des manques, chaussés de trois fois trop », note Jacques Lanzmann.

Mais pour être bien dans sa tête, il faut être bien dans ses chaussures. Le *Camino francés* ne présente pas de difficultés particulières, si ce n'est quelques tronçons caillouteux ou spongieux. Des marcheurs préfèrent les chaussures montantes (à tige) qui tiennent (prétendument) mieux la cheville mais qui, lacées trop serrées, peuvent blesser le cou-de-pied. D'autres, les « tailles basses » (type jogging), plus légères, qui « sentent » mieux le terrain. Peu importe tant que le pied s'y trouve bien. On privilégiera la souplesse, l'adhérence, la mobilité.

Impératif : on ne partira jamais avec des chaussures neuves ; on n'oubliera pas les sandalettes qui permettent aux précieux appendices de respirer à l'étape et de goûter la volupté de l'allègement (voir SANDALES).

CHEMINS

Quator viae sunt... Si l'on en croit Aymeri Picaud (voir PICAUD), les jacquaires, jacquets et autres jacobipèdes empruntaient principalement quatre routes, aux innombrables radicules, pour traverser la France : la *via Turonensis*, ou route de Paris, par Tours ; la *via Lemovicensis*, ou route de Vézelay ; la *via Podiensis*, dite route du Puy. Ces trois voies confluaient à Ostabat avant de franchir les Pyrénées par le col de Roncevaux. La quatrième — la *via Tolosane*, ou chemin d'Arles — passait par le col du Somport.

Certains historiens contestent ce « mythe moderne » des quatre chemins, comme Denise Péricard-Méa, auteur de *Dans les pas de saint Jacques* (Tallandier, 2001) : « Rien ne prouve que ces quatre voies aient jamais vu passer plus de pèlerins que les autres. Certes, Vézelay, Paris, Arles ou Le Puy ont vu converger, à certaines dates, des foules de pèlerins venus honorer spécialement ici Marie-Madeleine, là le chef de saint Denis, là saint Trophime ou saint Césaire, là enfin une merveilleuse Vierge noire. Mais l'histoire n'a jusqu'à présent livré aucune trace de grands départs pour Compostelle à partir de ces villes. Faisant fi des études historiques antérieures prouvant que le "Guide", inconnu en France au Moyen Âge, ne donne que des "itinéraires stéréotypés", les médias ont fini par imposer ces villes comme points de rassemblement en tête de chemins devenus incontournables. Quantité d'autres chemins s'offraient en réalité au pèlerin de Compostelle [...]. Mettre aujourd'hui ses pas dans ceux de saint Jacques n'implique donc pas forcément de suivre l'un des quatre chenus officiels. Mieux que les quatre chemins rigides et théoriques du *Guide du pèlerin,* l'ensemble des routes menant à ces sanctuaires locaux ne reproduit-il pas sur Terre le large tracé que la Voie lactée dessine dans le Ciel ? [...] Car ce sont bien ces sanctuaires qui ont créé la notion de "chemin de saint Jacques", chemin mythique suivi par saint Jacques lorsqu'il parcourut le monde occidental. »

CHIFFRES

En 1999, dernière année sainte compostellane du XXe siècle, cent cinquante mille *credenciales* ont été délivrés à Saint-Jacques, contre cent vingt en 1982.

Dont 80 % d'Espagnols (la majorité n'a parcouru que les cent derniers kilomètres nécessaires à l'obtention du « diplôme ») ; 8 % de Français, 6 % d'Allemands ; des Belges, des Italiens et des Hollandais (entre 2 et 3 %).

60 % d'hommes, 40 % de femmes. Presque 20 % avaient entre cinquante et un et soixante-cinq ans.

70 % sont venus à pied, 29 % en vélo, 0,5 % à cheval.

65 % ont déclaré des motivations religieuses ; 30 % des motivations spirituelles et culturelles ; 5 % uniquement culturelles.

Les étudiants étaient les plus nombreux (30 %), puis les professions libérales (15 %) et les enseignants (10 %). Les mois les plus fréquentés furent juillet (28 %) et août.

COMMUNION DES SAINTS

Sorte d'échange mystérieux entre le Ciel et la Terre, de communication invisible entre les vivants et les morts : ce que nous faisons de bien enrichit l'Église et l'humanité entière elle-même. Inversement, nous bénéficions de la sainteté de nos frères. « Il y a des personnes qui laissent derrière elles comme un surplus d'amour, de souffrance supportée, de pureté et de vérité, qui se déverse sur les autres et les soutient » (bulle jubilaire *Incarnationis mysterium*).

COMPOSTELA

Le diplôme du jacquet parvenu (à bon port). Cette attestation rédigée en latin est délivrée au marcheur qui accomplit les cent derniers kilomètres à pied jusqu'à Compostelle (deux cents pour les cyclistes). Jadis, elle valait des remises de peine, des indulgences et le respect du village. Le pèlerin détenteur d'une *compostela* pouvait sculpter une coquille sur sa porte.

La *compostela* est remise, au vu du *credencial,* au Bureau d'accueil du pèlerin (n° 1, rúa del Villar). Elle est l'objet de vives convoitises, surtout de la part des Espagnols. Les responsables du Bureau interrogent les demandeurs pour discerner les vrais des faux pèlerins. Les mailles du filet sont larges, et les filous nombreux.

Une amie faillit se voir refuser sa *compostela* parce que l'inquisitrice en chef ne voulait pas croire qu'elle avait marché quarante kilomètres par jour et insinuait qu'elle en avait parcouru la moitié en voiture. Ma consœur pèlerine dut exhiber quelques stigmates pour prouver sa bonne foi. Au même moment, une voisine de comptoir se faisait remettre son « diplôme » alors que nous l'avions vue emprunter un véhicule à plusieurs reprises.

Faut-il se scandaliser ou se féliciter de cette enquête tatillonne ? À vrai dire, on s'en fout. Si la *compostela* avait un sens pour nos aïeux, elle semble l'avoir perdu aujourd'hui. *Lucus Adrianus, peregrinis de sancti Jacobi* — si, si, c'est mon nom écrit en latin sur le parchemin —, milite pour son boycott en attendant sa suppression pure et simple, afin de ne plus voir le pitoyable spectacle de ces queues électriques rúa del Villar, où des pèlerins se querellent pour un bout de papier qui n'est pas le bout du monde.

Coquille

Symbole d'amour dans l'Antiquité, elle n'est devenue coquille Saint-Jacques qu'au Moyen Âge. Pour des raisons pratiques. Les pèlerins, arrivés à Santiago, allaient se baigner dans l'océan. La plupart n'avaient jamais vu la mer. Ils ramassaient sur les plages du cap Finisterre ou de Padrón ces *conchas* blanches, bien pratiques pour puiser l'eau dans les fontaines. La coquille servait de louche sur la route du retour. Elle est devenue le symbole du jacquet.

Selon Barret et Gurgand, « saint Jacques est dans notre mémoire, partout inscrit. Exemple : la coquille typographique. Au XVIIIe siècle, les correcteurs d'imprimerie indiquaient qu'un membre de phrase ou un mot avaient été oubliés en portant dans la marge un signe conventionnel — un trait vertical coupé d'un petit cercle — qu'ils appelaient "bourdon" pour sa ressemblance avec le bâton des pèlerins ; d'où l'usage, dans leur argot de métier, d'appeler "coquille" toute erreur de composition typographique... » (*Priez pour nous à Compostelle*, Hachette, 1999.) Cette pratique est encore en usage de nos jours.

Autre explication : ces fautes seraient dites « coquilles » depuis que des brigands, dénommés « coquillards », se déguisaient en faux pèlerins pour détrousser les vrais. Qu'on nous pardonne ici les coquilles qui auraient subsisté dans ce texte.

Coquille Saint-Jacques

Un accommodement : faire dorer un peu de beurre dans une poêle et y réduire quelques échalotes ; puis faire sauter les coquillages libérés de leur coquille et légèrement panés. Accompagner de poireaux émincés et d'un petit vin blanc frais (*Guide pour Compostelle, Pèlerins de l'an 2000,* Jeunes Chrétiens Services, Le Sarment, 2000).

Credencial

Le « passeport » du pèlerin. De son vrai nom, « carte d'accréditation du pèlerin de Saint-Jacques » — en espagnol, *credencial*. Visé à chaque étape par les autorités civiles ou religieuses et tamponné d'un *sello* (cachet), cet accordéon de papier donne accès aux *refugios de peregrinos*, les gîtes d'étapes, nombreux sur le chemin en Espagne. Peu coûteux, ceux-ci sont réservés en priorité aux piétons, dans l'ordre de leur arrivée (pas de réservation possible), puis aux cyclistes s'il reste des places. Ils sont généralement pleins et inabordables en fin de semaine à la belle saison. De nombreux villages, en León et en Galice, ont ouvert leur *refugio* et incitent les pèlerins à faire étape chez eux.

Autrefois délivré par l'évêque, le *credencial* l'est aujourd'hui par les directions diocésaines de pèlerinage (se renseigner auprès des évêchés), les associations jacquaires régionales — une trentaine en France — (voir SITES et GUIDE), les associations nationales, telles que Compostelle 2000 (54, rue Ducouëdic, 75014 Paris — tél. 01 43 20 71 66) ou la Société des amis de saint Jacques (BP 368.16, 75768 Paris Cedex 16).

DATES

Quelques repères chronologiques.

An 41. Jacques le Majeur, l'un des douze apôtres du Christ, le frère de saint Jean, fils de Zébédée et de Marie-Salomé, évangélise l'Espagne. Le « Fils du Tonnerre » — son surnom — parvient jusqu'en Galice.

An 44. À son retour à Jérusalem, Hérode Agrippa Ier le fait décapiter. Ses disciples Théodore et Athanase dérobent son corps et le ramènent en barque, guidés par un ange, pour l'inhumer dans sa terre d'élection. Le Gulf Stream les dépose au bord de la rivière Ulla, à Iria Flavia. Durant huit siècles, la sépulture sera oubliée.

An 813. Après un drôle de rêve, l'ermite Pelayo, un saint homme, se laisse guider par des lueurs dans la nuit jusqu'à une tombe cachée. C'est le champ de l'Étoile. On creuse, on fouille, on exhume des restes humains. Ils sont considérés comme ceux de saint Jacques. Coup de tonnerre dans la chrétienté.

xe siècle. Les pèlerins accourent, dont Godescalc, l'évêque du Puy, en 950, premier pèlerin mentionné par l'Histoire. Saint Jacques devient le héros de la *Reconquista* de l'Espagne catholique contre les Maures.

xiie et xiiie siècles. Ils marqueraient, selon la tradition, l'apogée du pèlerinage. Les routes d'Europe se couvrent d'un réseau de sanctuaires et d'hôpitaux.

xvie siècle. Les guerres de Religion, le protestantisme et l'interdiction par Louis XV de tout pèlerinage en pays étranger lui portent un coup sévère.

xviiie siècle. La Révolution française puis les guerres napoléoniennes entraînent de nouvelles destructions d'établissements religieux et plongent les chemins dans l'oubli.

1879. Les reliques de saint Jacques sont retrouvées (elles auraient été cachées en 1589 pour les protéger des Anglais). Une bulle papale officialise la reconnaissance du corps en 1884.

1946. Des fouilles mettent au jour une nécropole antique autour du tombeau présumé.

1950. La première association des amis de Saint-Jacques-de-Compostelle est créée sous la présidence de René de la Coste-Messelière.

1988. Découverte d'inscriptions attestant la présence de martyrs du Ier siècle à Compostelle.

1989. Jean-Paul II rassemble six cent mille jeunes à Saint-Jacques pour les Journées mondiales de la jeunesse.

1993. Les chemins de Compostelle sont inscrits au Patrimoine de l'humanité.

1999. Cinq millions de visiteurs pour la dernière année sainte du millénaire. 150 000 *credenciales* délivrés.

Ennui

On peut partir en pèlerinage parce qu'on s'ennuie dans sa vie. On peut aussi s'ennuyer pendant un pèlerinage. Le marcheur arrive tôt à l'étape, en début d'après-midi ; la lessive, quelques courses, une lecture, la sieste ne suffisent pas à « tuer le temps ». Tant mieux. Il ne faut pas fuir ces « temps morts » qui peuvent devenir des temps de vie : face-à-face avec soi-même, recueillement, prière...

« Le problème de l'homme moderne n'est pas sa méchanceté, écrit Frédéric Beigbeder dans *99 francs* (Grasset, 2000). Au contraire, il préfère, dans l'ensemble, pour des raisons pratiques, être gentil. Simplement il déteste s'ennuyer. L'ennui le terrifie alors qu'il n'y a rien de plus constructif et généreux qu'une bonne dose quotidienne de temps morts, d'instants chiants, d'emmerdement médusé [...]. Pour se désennuyer, les Occidentaux fuient par l'intermédiaire de la télé, du cinéma, d'Internet, du téléphone, du jeu vidéo ou d'un simple magazine. Ils ne sont jamais à ce qu'ils font, ils ne vivent plus que par procuration, comme s'il y avait un déshonneur à se contenter de respirer ici et maintenant. Quand on est devant sa télé, ou devant un site interactif, ou en train de téléphoner sur son portable, ou en train de jouer sur sa Playstation, on ne vit pas. On est ailleurs qu'à l'endroit où on est. On n'est peut-être pas mort, mais pas très vivant non plus. »

Entraînement

Rien n'interdit de se mettre en jambes avant le jour J, mais la marche est un sport si « naturel » qu'elle ne requiert pas d'échauffement particulier. De plus, les chemins de Saint-Jacques n'offrent pas les mêmes difficultés que les Cent Kilomètres de Millau ou une expédition sur l'Altiplano. En revanche, on ne regrettera pas de tester le sac à dos, chargé, sur plusieurs kilomètres, ni de « faire » les chaussures avant le départ.

Escargot

À mon grand regret, le seul escargot croisé en neuf cents kilomètres fut mon ombre lente et biscornue. Dommage, ça m'aurait permis de placer cette citation de Gilbert Cesbron : « Sur le chemin de la 1re Béatitude comme de toutes les autres, il nous faut prendre le chemin de l'escargot. Je ne parle pas seulement de sa prudence et de sa lenteur obligée, mais du dessin de sa coquille. Cette spirale est l'image même de la sagesse : partir d'un point presque invisible et ne s'en éloigner que progressivement, ne conquérir un espace croissant que peu à peu, sans à-coups. Ainsi doit commencer l'amour des autres, lequel commencera par le prochain le plus proche pour englober de plus en plus d'êtres au fur et à mesure qu'ils se présentent — et c'est rarement au hasard. » (*Huit Paroles pour l'Éternité,* Robert Laffont, 1978.)

À Santiago, le couvent Santo Domingo, aujourd'hui musée du Peuple galicien, présente un escalier *caracol* (« escargot ») qui par sa triple spirale suspendue suggère la triple ascension pèlerine du corps, de l'âme et de l'esprit.

EUROPE

Elle a bel et bien existé avant l'euro. Dante a même écrit que « la conscience européenne était née en même temps que les pèlerinages à la tombe apostolique de Galice ».

En pèlerinage à Compostelle, le 9 novembre 1982, le pape Jean-Paul II lance ce vibrant appel : « Je te lance, depuis Saint-Jacques, vieille Europe, un cri plein d'amour, retrouve-toi, sois toi-même, découvre tes origines, ravive tes racines, revis dans les valeurs authentiques qui rendirent ton histoire glorieuse et ta présence dans les autres continents bénéfiques. Reconstruis ton unité spirituelle dans un climat de liberté totale des autres religions et des vraies libertés. »

Exode

L'un des livres clés de l'Ancien Testament, que revit mystérieusement le pèlerin lorsqu'il quitte son chez-soi, symbole de ses attachements. L'Exode relate tous les efforts de Dieu pour se faire reconnaître des Hébreux, peuple à la nuque raide qui préfère la sécurité de la servitude à l'aventure de la liberté. Quarante années de marche dans le désert pour parcourir deux cents kilomètres... Ce qui s'appelle tourner en rond et mettre de la mauvaise volonté. N'est-ce pas la nôtre, à nous laisser aimer ?

« L'exode jamais ne se fait seul... mais seul tu marcheras sur les chemins de ton propre cœur où le Tout-autre se révélera » (un moine trappiste).

Galice

La « Bretagne » de l'Espagne. L'une des régions les plus sauvages, à l'extrême ouest du continent européen. Le dialecte ressemble au portugais mais les habitants ont des origines celtes. Même climat que notre Finistère : on surnomme Santiago le « pot de chambre » de l'Espagne. Ne pas oublier le poncho imperméable.

GUIDE

Le premier *Guide du pèlerin* est attribué à Aymeri Picaud, chanoine de Parthenay, au XIIe siècle (voir PICAUD). Son récit forme l'un des cinq tomes du *Codex Calixtinus*, composé et codifié vers 1140, qui propose un recueil de chants liturgiques médiévaux, une vie de saint Jacques, une recension de ses miracles et une chronique apocryphe des aventures imaginaires de Charlemagne en Espagne.

Comme mon aïeul rapporteur, je souhaite que ces modestes pages contribuent à « aider ceux qui se rendent sur place à trouver paix, joie et sérénité, force, longue vie, gloire et santé ».

En français et plus récents que le Picaud, choisis parmi d'innombrables documents, deux ouvrages pratiques guideront les marcheurs (ou les cyclistes) vers Saint-Jacques :

— *Le Chemin de Saint Jacques en Espagne*, par Georges Véron et Louis Laborde-Balen, Rando, 1999. Les auteurs ont repris et adapté dans un esprit randonnée le travail de l'abbé Bernès. Cartes sommaires ; descriptifs détaillés et minutage de chaque étape ; informations sur les gîtes et les ravitaillements ; conseils pratiques d'équipement. Existe aussi pour le chemin du Puy et le chemin d'Arles, en France.

— *Guide pratique du pèlerin*, par Millan Bravo Lozano, Everest. Plus lourd que le précédent mais plus riche culturellement. Inclut des fiches individuelles de chaque étape proposée, à glisser dans un porte-cartes.

— Les hispanisants trouveront leur bonheur dans l'excellent *El Camino de Santiago a pie* (Éditions El País/Aguilar). Disponible dans certaines librairies ou offices de tourisme sur le Chemin.

On peut également emporter les pages du *Guide du routard en Espagne du Nord* (Hachette) consacrées aux grandes villes : Pampelune, Burgos, León, Compostelle. Elles offrent un plan élémentaire, l'adresse des offices de tourisme, quelques repères culturels, les merveilles à ne manquer sous aucun prétexte, des adresses de pensions et de restaurants — utiles pour qui veut faire halte un ou deux jours hors du charivari des refuges.

Dans chaque région de France des associations jacquaires, très actives, proposent des listes d'ouvrages pour préparer la pérégrination — guides pratiques, histoire du pèlerinage, spiritualité, témoignages... Par exemple, l'Association de coopération interrégionale Les chemins de Saint-Jacques, 42, rue des Saules, 31400 Toulouse ; l'Association Rhône-Alpes des amis de Saint-Jacques, 35, rue Sainte-Hélène, 69002 Lyon ; ou encore l'Association bretonne des amis de Saint-Jacques, 18, rue Comtesse-de-Ségur, 56270 Ploemeur (tél. 02 97 86 47 20).

HORAIRES

Le rythme de vie espagnol est peu compatible avec celui du pèlerin, qui demeure en décalage permanent avec la vie sociale. N'est-il pas un

« étranger » ? Levé dès potron-jacquet, lorsqu'il rêve d'un *café con leche* après deux heures de marche, l'Ibère dort encore. Celui-ci ne soulève une paupière et le volet métallique de son échoppe que vers neuf heures (penser à prévoir la veille son petit déjeuner pour ne pas démarrer le ventre creux). Quand il s'attable pour le déjeuner, vers deux ou trois heures de l'après-midi, le pèlerin pique, lui, son petit roupillon après avoir effectué la majeure partie de son étape. Enfin, lorsque l'Espagnol attaque son dîner, vers dix heures du soir, il y a belle lurette que le pèlerin a pris le sien, et lance vers le ciel son ronfloto.

INCARNATION

Le pèlerinage de Dieu vers l'homme. « Toutes les religions sont les voies où l'homme cherche Dieu. Elles sont multiples. La Révélation chrétienne est unique car c'est Dieu qui trouve l'homme. » (Paul Evdokimov.)

INDULGENCE

Le mot qui fâche, depuis Luther. La chose fait sourire les incroyants et scandalise les protestants. On les comprend. L'indulgence est trop souvent présentée comme le ticket qui assure une réservation gratuite au grand parking du paradis ; il suffirait de le composter (ce mot vient de *compostela*), lors d'une année de jubilé, dans une église agréée. Faux.

On ne « gagne » pas une indulgence, comme on gagne au loto ou un salaire à la fin du mois.

On bénéficie du « don de l'indulgence », aime dire Jean-Paul II. Car c'est une grâce, un cadeau que le don de la miséricorde (voir ANNÉE SAINTE).

Il ne suffit pas de passer le portail à une date fixée et de marmonner une prière pour être « blanchi » de ses fautes. La première exigence pour recevoir la grâce de l'indulgence est une vraie conversion ; le ferme rejet du péché dans sa vie se célèbre dans le sacrement de réconciliation. La deuxième exigence est une adhésion profonde au Christ ; elle s'exprime dans la communion eucharistique. La troisième est une claire appartenance à l'Église ; elle se manifeste par une prière aux intentions du pape. La quatrième exigence, enfin, est de poser parallèlement un acte concret de pénitence et de charité — par exemple, rendre visite à des frères souffrants, « comme si l'on faisait un pèlerinage vers le Christ en eux », précise la bulle d'indiction *Incarnationis mysterium* (d'après une chronique du père Alain Bandelier, dans *Famille chrétienne* du 16 mars 2000).

JEUNES

Le chemin de Saint-Jacques offre une route idéale pour les ados et les jeunes : spiritualité de la marche, beauté des paysages et des édifices, richesse culturelle, ouverture des rencontres, expérience d'une vie frugale... De plus, il est sécurisé, balisé d'une marque jaune de Logroño à Santiago (marque rouge et blanc du

GR 65 de Saint-Jean-Pied-de-Port à Logroño). Se perdre relève de l'exploit.

On recense moins de cinq décès par an sur les milliers de marcheurs du *Camino*, dont la majorité concerne des personnes de plus de cinquante ans. Les deux premières causes de mortalité sont les infarctus et les poids lourds (prudence sur les tronçons qui longent la nationale).

Kilomètres

Environ 785 kilomètres pour rallier Saint-Jean-Pied-de-Port à Compostelle, soit une trentaine de moins que pour parcourir Le Puy-en-Velay/Roncevaux. Compter une trentaine de jours pour le chemin en Espagne (avec des étapes d'environ vingt-cinq kilomètres) et deux mois pour la « totale » : Le Puy/Compostelle.

Lavacolla

Littéralement « lave-couille ». Lieu-dit situé à une douzaine de kilomètres de Saint-Jacques où les pèlerins se lavaient pour arriver propres au bout de leurs peines. Également dénommé au Moyen Âge *Lavamentula* : « petite toilette ».

Libération

Nombreux sont ceux qui, autrefois, prenaient la route vers Saint-Jacques pour racheter des fautes graves : meurtre, adultère, blasphème public, hérésie, prostitution... Comme Éric Marquard, assassin de son oncle, qui part de Ribes au Danemark, enchaîné, pieds nus ; ou ce Suédois qui a séduit la femme de son voisin en 1491. En 1310, la ville de Lund envoie deux de ses citoyens à Rome et deux autres à Compostelle pour expier un meurtre. La peine est d'autant plus sévère que le coupable est haut placé. L'un des champions de l'expiation est Frotmond, un seigneur breton. En 855, il fut condamné à pérégriner de sanctuaire en sanctuaire à travers toute l'Europe. Il se rendit deux fois à Rome, trois fois à Jérusalem avant de revenir mourir au monastère de Redon.

Au sanctuaire, on remettait à ces pénitents un certificat qui attestait l'exécution de la sentence. Ils repartaient libres. Depuis 1982, l'association belge Oikoten renoue avec ce principe médiéval du pèlerinage pénal (voir OIKOTEN).

MARCHE

> « Je marcherai.
> Je marcherai sous le soleil trop lourd, sous la pluie à verse et dans la tourmente.
> En marchant, le soleil réchauffera mon cœur de pierre, la pluie fera de mes déserts un jardin.
> À force d'user mes chaussures, j'userai mes habitudes. Je marcherai, et ma marche sera démarche. J'irai moins au bout de la route qu'au bout de moi-même.
> Je serai pèlerin. Je ne partirai pas seulement en voyage. Je deviendrai moi-même un voyage, un pèlerinage. »

(Poème de Jean Debruyne, lu dans l'église Sainte-Marie de Nasbinals, en Aubrac, sur le chemin du Puy.)

MARCHE *(bis)*

Un déséquilibre rattrapé. Yves Paccalet, grand piéton devant l'Éternel, a tenté de le décrire mathématiquement : « Lorsqu'un pied est au sol, le genou correspondant est tendu — en angle plat. Quand le pied décolle, le corps se hisse de quelques centimètres et le centre de gravité de l'organisme décrit un arc de cercle vers l'avant. À la descente, l'accélération est égale à la vitesse au carré, divisée par le rayon du cercle en question, c'est-à-dire la longueur de la jambe. Sachant que le marcheur ne peut pas tomber avec une accélération supérieure à celle de la gravitation, on trouve la vitesse maximale de la locomotion humaine. Elle est égale à la racine carrée du produit de la longueur de la jambe par l'accélération gravitationnelle (environ dix mètres par seconde carrée). Sans tenir compte des frottements ni des déperditions d'énergie. En négligeant le fait que le rendement des muscles dépend de leur masse et de leur forme, du poids du corps, des effets de levier induits par la taille relative des segments des jambes, et d'un cortège d'autres facteurs*. »

1. Yves PACCALET, *Le bonheur en marchant*, Jean-Claude Lattès, Paris, 2000.

Marcher

« Partir, donc. Mais si possible à pied, plaide Jacques Lanzmann, autre randonneur célèbre, dans *Marches et rêves* (Lattès, 1988). Parce que, au lieu de traverser les choses, on les côtoie. Parce que, au lieu de croiser les gens, on les accompagne. Parce que, au lieu de filer à travers le pays, on file son chemin, pas à pas, comme l'araignée tisse sa toile. Parce que le paysage, qu'il soit plaine ou montagne, déprimant ou enthousiasmant, est à la fois notre prisonnier et notre geôlier. [...] Marcher, c'est perdre peu à peu tout ce que l'on a acquis de superflu — y compris les superlatifs. C'est se mettre en doute et en question dans un monde mécanisé. C'est ressentir et entendre presque aussitôt les réponses de son propre corps confronté à une nouvelle expérience. Marcher, c'est se mettre à l'écoute du corps qui n'en revient pas d'être ainsi sollicité et libéré. Cela peut devenir jeu égoïste ou simple divertissement, selon les états d'âme. »

Mort

« Saint Jacques a des pouvoirs de thaumaturge, d'exorciste, mais il est surtout là pour assister les pauvres pécheurs à l'heure de leur mort et pour les aider à gagner le paradis, note l'historien André Burguière (*Le Monde des débats*, février 2001). Le lieu même où il a élu sépulture, Compostelle, c'est-à-dire le "champ des étoiles", évoque la promesse de l'au-delà.

Saint Jacques aide à passer d'un état à l'autre [...] du monde d'ici-bas à l'autre monde. Il est un passeur. »

L'un de mes compagnons de voyage fut le minuscule (et léger) opuscule de Rainer Maria Rilke *Le Livre de la pauvreté et de la mort* (Actes Sud). Dans sa préface incandescente, Arthur Adamov écrivait au printemps 1940 : « L'homme qui n'a pas sculpté la face de sa vie tremble de peur devant la mort parce qu'elle lui apparaît sans face. Il n'a pu créer la face de sa vie, de même il ne peut créer la face inverse de sa mort [...]. Aujourd'hui, à chaque homme reste une tâche, arracher toutes les peaux mortes, les dépouilles sociales, se dénuder jusqu'à se trouver lui-même. »

OIKOTEN

Moisir en « prison de jeunesse » jusqu'à vingt et un ans ou parcourir à pied deux mille six cents kilomètres jusqu'à Compostelle ? C'est l'alternative proposée depuis vingt ans par l'association belge Oikoten à des mineurs délinquants.

Le nom grec de l'association signifie « quitter sa maison par ses propres forces ». « Nous cherchions depuis longtemps pour ces jeunes une alternative aux maisons de redressement, explique Symons Pol, éducateur à l'origine du projet. Jusqu'au jour où j'ai visionné le film américain *La Caravane de la dernière chance*. Il montrait la longue marche de délinquants et de leurs éducateurs dans le désert du Nevada. Elle durait six mois. Beaucoup de ces jeunes n'avaient pas récidivé au retour. Nous avons cherché un moyen d'étendre cette formule à notre pays. Il est petit et n'a pas de désert...

« Aussi avons-nous cherché une route qui traverse l'Europe, poursuit Symons Pol. La route de Saint-Jacques s'est imposée à nous. Un pèlerinage, c'est la dernière chose qu'on avait en tête, mais ce chemin séculaire est si riche ! Nous avons proposé à un ami, visiteur de prison, qui partait pour Santiago d'emmener avec lui deux délinquants. Il a d'abord refusé. Puis il a accepté. Ils sont arrivés à Santiago quatre mois plus tard, complètement changés. C'est ainsi que sont nées les marches d'Oikoten. »

Au bout du Chemin, la liberté... sous condition. Un contrat est signé avant le départ avec le juge, l'éducateur-accompagnateur et les garçons (ou les filles). Ce pacte est exigeant : des étapes quotidiennes de vingt-cinq kilomètres parcourues exclusivement à pied ; un sac d'au moins dix-sept kilos portant toute l'intendance, tentes comprises ; des moyens financiers limités ; le walkman et la radio prohibés « pour ne pas fuir la réalité » ; aucune drogue n'est tolérée. Les marcheurs empruntent de préférence les GR et les départementales, évitent au maximum les villes. Chacun à son tour monte les tentes, fait les courses, la cuisine... À la moindre incartade, le jeune rompt le contrat et retrouve son institution d'origine.

Depuis 1982, plus de deux cent cinquante mineurs flamands ont participé à un projet Oikoten. 80 % des marcheurs de Saint-Jacques sont arrivés à bon port. 60 % se sont ensuite réinsérés avec succès. « Ils ont pu se prouver à eux-mêmes et aux autres qu'ils méritaient leur confiance, qu'ils valaient quelque chose, qu'ils pouvaient assumer des responsabilités, qu'ils n'étaient pas condamnés à être des délinquants irrécupérables. »

Renseignements : Oikoten, Lipsestraat 175, B 3150 Tildonk. Oikoten@wol.be.http : //www.oiko ten.be

PAS

Ce poème brésilien invite le pèlerin à relire sa vie comme une marche et à y discerner la présence discrète mais attentive de Celui qui fait route avec chacun.

> « Comme je marchais sur la plage au soir de ma vie, je me suis retourné,
> Et j'ai vu sur le sable l'empreinte de mes pas.
> Chaque pas était un jour de ma vie et ils étaient tous là,
> Aussi loin que pouvait remonter mon regard,
> Je les ai tous comptés et reconnus [...].
> Du plus loin que j'ai vu, à côté de mes traces
> S'imprégnait une trace jumelle,
> C'étaient les pas de Dieu qui marchait côte à côte,

Comme il l'avait promis tout au long de ma vie.
Et comme je regardais ce long ruban de nos traces parallèles,
il me sembla voir qu'à certains endroits
il se rétrécissait et que seule une empreinte se lisait sur le sable.
C'était l'empreinte des jours les plus noirs,
ces jours de larmes et de deuil,
lorsqu'on se sent souvent très seul
et abandonné ;
Jours d'angoisse et de mauvais vouloir aussi ; jours d'épreuves et de doute.
Jours intenables... jours où moi aussi j'avais été intenable.
Alors, me tournant vers le Seigneur, j'osai lui faire des reproches :
“Tu nous as pourtant promis d'être avec nous tous les jours !
Seigneur, où étais-tu lorsque j'ai tant pleuré ?
Pourquoi ne marchais-tu pas à mes côtés ?”
Et le Seigneur m'a répondu :
“Mon enfant bien aimé, les jours où tu ne vois qu'une trace sur le sable, ce sont les jours où je te portais.” »
(D'après Ademar de Barros, poète brésilien.)

Patience

« La patience est la recette cachée du cosmos et de la nature, du laboureur et de la femme qui attend un enfant. Être impatient, c'est oublier que, d'une certaine manière, tout doit être porté et enfanté comme un fruit à naître. » (Cardinal Godfried Daneels, *Il y a un temps pour chaque chose*.)

On veut toujours se « débarrasser » de sa souffrance le plus vite possible, et c'est humain. Ne faut-il pas se laisser humaniser par nos douleurs en prenant le temps nécessaire à la guérison ? Une ampoule n'est pas une peine de cœur, un deuil cruel ni un chagrin d'amour. Mais cette minime blessure enseigne que le temps ne respecte pas ce qu'on fait sans lui. Elle devient une force si elle est reconnue et soignée. La plaie se venge toujours si l'on ne laisse pas au corps ou au cœur le temps de cicatriser. Or plus la blessure est grande, plus la guérison est longue.

PÉGUY

Écrivain et poète français né en 1873 dans le faubourg d'Orléans, d'un père menuisier et d'une mère rempailleuse de chaises ; mort à la guerre en 1914. Patriote, anarchiste, socialiste et chrétien.

À la mi-juin 1912, en exécution d'un vœu pour la guérison de son fils Pierre atteint de la typhoïde, il prend la route, sans entraînement, et marche vers la cathédrale de Chartres. Il accomplit les cent quarante-quatre kilomètres en trois jours. « On voit le clocher de Chartres à dix-sept kilomètres sur la plaine, note-t-il. De temps en temps il disparaît derrière une ondulation, une ligne de bois. Dès que je l'ai vu, ç'a été une extase. Je ne sentais plus rien, ni la fatigue, ni mes pieds. Toutes les impuretés sont tombées d'un coup. J'étais un autre homme. »

Il tirera de ce pèlerinage un long poème, « Présentation de la Beauce à Notre-Dame de Chartres », scandé comme une marche, qui s'élargit de strophe en strophe tels l'ondulation des blés et le cœur d'un pèlerin, et s'achève ainsi :

> « ... Quand nous aurons joué nos derniers personnages,
> Quand nous aurons posé la cape et le manteau,
> Quand nous aurons jeté le masque et le couteau,
> Veuillez nous rappeler nos longs pèlerinages.
> [...]
> Nous ne demandons rien, refuge du pécheur,
> Que la dernière place en votre Purgatoire,
> Pour pleurer longuement notre tragique histoire,
> Et contempler de loin votre jeune splendeur. »
> (*La Tapisserie de Notre-Dame*, Gallimard.)

Pèlerin

« Étant des pèlerins du monde visible, nous ne trouvons de repos nulle part », écrit Érasme. À l'origine, le mot « pèlerin » est l'exact synonyme d'« étranger » et de « voyageur ». À partir de l'an mille, il désignera le voyageur marchant dans un but religieux vers un sanctuaire lointain.

Raymond Oursel, historien sage et jacquaire précurseur, insiste dans nombre de ses ouvrages : « Ce ne sont pas le chemin ni les signes matériels et tangibles qui créent le pèlerinage, mais la ferveur et la disponibilité spirituelle du pèlerin de bonne foi. » (*Sanctuaires et chemins de pèlerinage*, Cerf, 1997.)

PÈLERINAGE

« Le pèlerinage est un phénomène de migration temporaire pratiqué depuis la nuit des temps sous toutes les latitudes et par toutes les religions. Appétit de sacré ? goût d'absolu ? quête d'une puissance spirituelle ? ultime trace de nomadisme ? souvenir des temps où les groupes se retrouvaient autour de leurs nécropoles ? Sans doute un peu de chacun de ces éléments, auxquels se mêlent parfois le besoin fondamental de changer d'horizon. » Approche de l'historienne Denise Péricard-Mea (*Dans les pas de saint Jacques*, Tallandier, 2001).

Le professeur Labande avait, en son temps, proposé celle-ci : « Le pèlerinage est l'acte volontaire et désintéressé par lequel un homme abandonne ses lieux coutumiers, ses habitudes et même son entourage pour se rendre, dans un esprit religieux, jusqu'au sanctuaire qu'il s'est délibérément choisi ou qui lui a été imposé. »

Définition sans doute trop restrictive aujourd'hui, mais qui a l'avantage de condenser en une phrase les trois moments cruciaux : l'engagement, le déplacement physique, l'accomplissement.

« Un véritable pèlerinage consiste à tout laisser, estime Jean Lescuyer, qui en 1999 a marché de Lourdes à Jérusalem sans un sou en poche. Laisser ce qui rend notre vie de plus en plus rapide et élaborée. Mais aussi laisser — c'est peut-être le plus difficile — l'idée que nous nous faisons de nous-même et des autres. Il faut quitter tout ce qui nous conforte, tout ce qui honore, tout ce qui nous rassure. Quitter absolument tout. » (*Le Pèlerin de Jérusalem*, Lattès, 2000.)

PHARMACIE

Dans la trousse, glisser :

— le nécessaire pour soigner les ampoules (aiguilles et fil, désinfectant, coton, petite paire de ciseaux, Elastoplaste).

— Compeed.

— Crème solaire.

— Pommade Akiléine pour les pieds, talc.

— Pommade pour entorses et tendinites (Nifluril).

— Mercurochrome.

— Citronnelle contre les moustiques.

(Liste proposée par l'Association bretonne des amis de Saint-Jacques.)

PICAUD

À ne pas confondre avec un apéritif, même s'il ouvre la marche. Aymeri Picaud est l'ancêtre le plus célèbre des jacobipèdes. Ce moine poitevin fit le voyage dans le premier tiers du XIIe siècle. On lui doit un *Guide du pèlerin de Saint-Jacques-de-Compostelle* » (voir GUIDE et CHEMINS), rédigé dans les années 1130.

PIED

« Le pied est au marcheur ce que les mains sont au pianiste » (Jacques Lanzmann). Il en prendra donc un soin extrême. D'autant plus que la médecine traditionnelle chinoise considère le pied comme le deuxième cœur de l'organisme. Mais il n'y a pas d'omelette sans casser d'œufs, et guère de marche sans ampoules, ni ongles bleuis... Malgré toutes les précautions, le pied va trinquer.

Afin d'amortir les frottements, on peut l'enrober de deux paires de chaussettes : la première, fine (en coton perlé ou soie, par exemple) ; la seconde, plus épaisse (laine).

Le pied a besoin de transpirer. Ne pas le recouvrir de pommade qui l'empêcherait d'éliminer ses propres toxines. Changer — ou laver — les chaussettes tous les deux jours en moyenne.

Se couper les ongles au plus ras. Cela évite de blesser les orteils voisins et de se les cisailler contre le bout de la chaussure.

Dès qu'un frottement est ressenti, soigner, appliquer un adhésif (sparadrap, micropore...) ou une « double peau » (voir AMPOULE).

Deux recettes contre les ampoules, que nous n'avons pas encore essayées : Manier le Picard, aïeul médiéval, qui marchait pieds nus, conseille un mélange de « suif de chandelle, de l'eau-de-vie et de l'huile d'olive fondus ensemble. En blasser les pieds fait merveille. » Plus près de nous, au siècle dernier, Cochrane, qui marche jusqu'au Kamtchatka, s'enchante de cette formule : « Il s'agit simplement, au coucher, de se frictionner les pieds avec un mélange d'alcool et de suif de chandelle. Le lendemain, les ampoules ont disparu. »

PLUIE

« Béni sois-Tu, mon Seigneur, pour notre petite sœur la pluie qui mouille et rafraîchit, trempe et imbibe, inonde et imprègne, infuse et traverse... », aurait pu chanter saint François d'Assise. Tout le monde n'en est pas à ce stade de louange. Il est rare de ne pas se faire tremper, surtout en Galice.

Mieux vaut investir dans un poncho costaud ou une pèlerine (du mot « pèlerin ») isolante, de bonne qualité, englobant le sac à dos, qui ne se déchirera pas au moindre coup de vent et au premier buisson d'épineux.

Aucun sac à dos de « consommation courante » ne résiste à une pluie de quelques heures. On emballera linge et vêtements dans des sacs-poubelle ; des plastiques de congélation protégeront carnet de notes, papiers d'identité, appareil photo et pellicules, papier hygiénique, tabac, clichés des personnes chères et autres trésors personnels. Ils serviront également à isoler les vivres des autres affaires.

On veillera, autant que faire se peut, à l'imperméabilité des chaussures pour empêcher l'eau ou la neige d'infiltrer le pied, en permettant à la sueur de s'évaporer. Mais rares sont les modèles qui résistent à une immersion prolongée, si ce n'est les palmes de plongée...

Portable

On me lapidera, on me jettera au visage ces petites merveilles de technologie qui permettent de rester relié à ceux que nous aimons et au monde entier, qu'importe, je persiste, je signe et je me signe devant la foule virulente de mes détracteurs : non seulement on peut très bien se passer d'un téléphone mobile sur le *Camino francés* (les cabines téléphoniques sont nombreuses), mais il faut profiter de cette aubaine pour se débrancher. Vous captez ? Pour ne pas se perdre, il faut savoir refuser d'être joignable à tout instant.

On se souviendra que le pèlerin du Moyen Âge quittait les siens pour de longs mois, sans être certain de les revoir.

Portage

Des seigneurs payaient autrefois des manants pour effectuer leur pèlerinage par procuration ; on paie aujourd'hui des porteurs motorisés pour véhiculer les sacs à dos d'une étape à l'autre.

Cela s'appelle le « transbagage » et représente un marché juteux dont voici le discours alléchant : « Oyez, bonnes gens, marchez léger ! Ne vous encombrez pas, nous nous chargeons de vos valises : nous irons les prendre où vous voudrez et vous les retrouverez, le soir, à l'hôtel ou au gîte indiqué par vos soins. » Qu'on le veuille ou non — et sans juger des intentions des marcheurs qui en usent, parfois des personnes âgées ou malades —, ces facilités transforment les chemins de pèlerinage en circuits de randonnée et en parcours touristiques. Le tourisme moderne est-il la poursuite laïque de la quête religieuse de jadis ? Pas si sûr.

PRIER

« La prière est une manifestation universelle de l'esprit humain, disons plutôt de l'âme humaine, remarque le père Alain Bandelier (dans un hors-série de *Famille chrétienne* sur la prière, janvier 2002). On la rencontre partout, pas seulement dans les temples et les églises. Elle a de multiples formes rituelles, elle peut s'exprimer aussi en dehors de tout rituel. L'homme qui souffre et qui dit : "Mon Dieu, au secours !" ; l'homme en extase devant un paysage et qui dit : "Mon Dieu, que c'est beau !" ; l'homme qui s'engage dans une entreprise et qui dit : "Mon Dieu, viens à mon aide !" — ces situations et beaucoup d'autres témoignent d'un instinct profond inscrit au cœur de l'homme, lorsqu'il s'ouvre à cet Autre (cet Hôte) mystérieux. »

Que dire pour prier ? Les maîtres spirituels nous suggèrent qu'il faut moins chercher à dire qu'à être présent à Dieu. « C'est une prostituée qui m'a enseigné le secret de la prière, confie le père Marie Dominique Molinié, dominicain, auteur de *Le Courage d'avoir peur* (Cerf). J'étais étudiant à Paris lorsqu'une nuit, lors d'une crise de désespoir, je suis descendu dans une boîte de nuit. Une entraîneuse compatissante a essayé de me remonter le moral. Nous avons bavardé. Soudain, elle a murmuré dans l'ombre : “Pour moi, l'amour, cela consiste à mettre ma tête sur les genoux de l'homme que j'aime, et à rester comme ça sans rien dire.” Ce fut pour moi une révélation ! La prière, c'est cela : mettre sa tête sur le cœur de Dieu et demeurer sans rien dire... »

C'est aussi la conviction confiante de la bienheureuse Élisabeth de la Trinité : « On vient tout simplement à Celui que l'on aime, on se tient près de lui comme un petit enfant dans les bras de sa mère et on laisse aller son cœur. » Un jésuite, le père François Varillon, renchérit : « Je coupe le courant, j'éteins la lampe et je dis à Dieu : “Je Te donne du temps, car je ne peux rien Te donner d'autre finalement”. » Temps de la présence et son silence.

Sûre avec saint Jean de la Croix qu'« on obtient de Dieu autant qu'on en espère », Thérèse de l'Enfant-Jésus soutient que la prière, plus que des mots, est « un élan du cœur, c'est un simple regard jeté vers le Ciel, c'est un cri de reconnaissance et d'amour au sein de l'épreuve comme au sein de la joie ; enfin, c'est quelque chose de grand, de surnaturel qui me dilate l'âme et m'unit à Jésus. » Regarder Dieu et s'offrir à son regard ? C'est la conviction du grand contemplatif Charles de Foucauld : « Quand on aime, on voudrait parler sans cesse de l'être qu'on aime, ou, au moins, le regarder sans cesse : la prière n'est pas autre chose. »

Un regard parfois embué de larmes. « Pour moi prier c'est aussi pleurer. Je crois à la puissance des larmes, lorsque nous n'avons plus de mots », confie Jacques Gauthier, théologien et poète québécois. « Ne crains pas, car je suis avec toi, répond le Seigneur, n'aie pas ce regard anxieux, car je suis ton Dieu. Je te rends robuste, oui je t'aide, oui je te soutiens » (Is 41, 10).

Mais nous ne sommes pas des anges. Nous éprouvons souvent l'urgence de balbutier des demandes, d'articuler des supplications, de crier des imprécations. Les mots les plus simples sont toujours les meilleurs, surtout quand ils jaillissent du cœur. C'est le conseil du Psalmiste : « Dieu, Tu es mon Dieu... / Dans la nuit, je me souviens de Toi / Et je reste des heures à Te parler / Mon âme s'attache à Toi » (Ps 62). C'est aussi celui de Guy Gilbert, le « curé des loubards », prêtre-éducateur depuis près de trente ans. Il ne cesse de répéter qu'il tire sa force de cette « vision du Dieu-Amour » qu'est la prière : « Pour prier, il faut avoir un cœur de pauvre. Plus on se suffit à soi-même, plus la prière paraît détestable et sans objet. Plus on se fait petit, plus on a conscience de sa pauvreté, plus la prière jaillit. »

Quand la présence se retire, la prière est souvent aride comme un désert et rude comme un combat. C'est l'heure longue et sans fin de la persévérance. Le curé de Torcy, dans *Le Journal d'un curé de campagne* de Georges Bernanos, conseille à son jeune confrère de s'appliquer à la prière comme un écolier s'applique à ses devoirs, « en tirant la langue ». De même, reconnaît l'écrivain Gilbert Cesbron : « Parfois, je ressasse des Ave Maria comme on bat le briquet : l'étincelle finira bien par arriver... » Le pire ennemi, c'est le découragement.

Attention, les prières peuvent finir par cacher la prière, prévient le père Varillon : « Les prières sont des moyens pour nous aider à prier. La prière est, elle, quelque chose de plus profond... Ce qui nous est demandé, c'est de devenir désir de Dieu. »

Ce désir, n'est-ce pas de se laisser aimer par Lui ? « Notre premier travail, dans l'oraison, c'est cela : non pas penser, offrir, faire quelque chose pour Dieu, mais nous laisser aimer », dit le père Jacques Philippe, auteur de *Du temps pour Dieu* (éd. des Béatitudes). Le premier travail, c'est aussi de décider de consacrer chaque jour un temps à la prière, et de s'y tenir. « Si on attend d'avoir du temps pour prier, on ne priera jamais, remarque Christine Ponsard ; alors que si on tient à la prière, on trouvera toujours quelques minutes pour cela. Et mieux vaut cinq minutes tous les jours, et rester fidèle, qu'une heure de temps en temps. »

Notre prière semble médiocre ? « On ne va pas trop mal aussi longtemps qu'on souffre d'en sentir l'indigence », remarque le père Francis Volle. Saint Bernard est catégorique : « Ne méprise pas ta prière car Dieu ne la méprise pas. » Et l'apôtre Paul de Tarse consolait déjà, il y a deux mille ans, ceux qui se lamentaient de ne pas savoir prier : « L'Esprit vient en aide à notre faiblesse, car nous ne savons pas prier comme il faut, mais l'Esprit lui-même intercède pour nous » (Rm 8, 26). Si c'est l'Esprit qui prie en nous, quels soucis à se faire ? Ne suffit-il pas de dire : "Viens prier en moi" ? »

« L'homme peut tendre vers Dieu, chercher Dieu. Mais quelle prise peut-il avoir sur Dieu, quel contact peut-il établir avec le Mystère insaisissable, que peut-il balbutier devant l'Ineffable, si Dieu lui-même ne vient le toucher ? interroge le père Alain Bandelier. Dieu seul peut dire Dieu. Notre prière ne sera jamais qu'une réponse, car en Jésus-Christ c'est Dieu le premier qui vient "prier" l'homme. »

PRIÈRE

La *Prière du pèlerin de la montagne*, de Gratien Volluz, prêtre et guide :

« Seigneur Jésus, toi qui as fait
Un si long déplacement
D'auprès du Père
Pour venir planter ta tente parmi nous ;
Toi qui es né au hasard
D'un voyage,
Et as couru toutes les routes,
Celle de l'exil,

Celle des pèlerinages,
Celle de la prédication :
Tire-moi de mon égoïsme et de mon confort,
Fais de moi un pèlerin.
[...]
J'ai à écouter ta parole,
J'ai à me laisser ébranler
Par ton amour ;
Sans cesse tenté de vivre tranquille,
Tu me demandes de risquer ma vie,
Comme Abraham, dans un acte de foi ;
Sans cesse tenté de m'installer,
Tu me demandes de marcher en espérance
Vers Toi
Le plus haut sommet,
Dans la gloire du Père.
Créé par amour, pour aimer,
Fais, Seigneur, que je marche,
Que je monte, par les sommets,
Vers Toi,
Avec toute ma vie,
Avec tous mes frères,
Avec toute la création,
Dans l'audace et l'adoration.
Amen. »

AUTRE PRIÈRE :

Celle de mes aubes sur le Chemin et sur le ruban d'asphalte du trottoir parisien qui me conduit au bureau :

« Seigneur,
Dans le silence de ce jour naissant,
Je viens Te demander la paix, la sagesse, la force.
Je veux regarder aujourd'hui le monde
avec des yeux tout remplis d'amour,
Être patient, compréhensif, doux et sage.
Voir au-delà des apparences
Tes enfants comme Tu les vois Toi-même
Et ainsi ne voir que le bien en chacun.
Ferme mes oreilles à toute calomnie,
Garde ma langue de toute malveillance ;
Que seules les pensées qui bénissent
Demeurent dans mon esprit ;
Que je sois si bienveillant et si joyeux
Que tous ceux qui m'approchent sentent
Ta présence.
Revêts-moi de Ta beauté, Seigneur,
Et qu'au long de ce jour je Te révèle. »
(Prière du cardinal Suenens.)

PRIÈRE DU CŒUR

« Sème en nous des mots qui Te disent », disait le poète Patrice de La Tour du Pin. Le nom de Jésus est la prière la plus simple et la plus accessible, surtout aux pauvres et aux souffrants. Elle devient oraison du cœur. Saint Simon le Nouveau Théologien explique : « La répétition inlassable du nom du bien-aimé avec tout notre cœur, avec toutes nos ressources de tendresse, nous amène avec sûreté à être le bénéficiaire du baiser d'amour. »

Cette prière fut popularisée par le Pèlerin russe, ce chrétien orthodoxe qui, dans la sainte Russie de la fin du XIXe siècle, se met en route pour ne jamais s'arrêter, mêlant toute sa vie marche et prière, le cœur tourné vers Dieu par la répétition incessante de l'invocation : « Seigneur Jésus Sauveur, prends pitié de moi pécheur. »

« Parfois je fais plus de soixante-dix verstes en un jour et je ne sens pas que je vais, écrit-il ; je sens seulement que je dis la prière. Quand un froid violent me saisit, je récite la prière avec plus d'attention et bientôt je suis tout réchauffé. Si la faim devient trop forte, j'invoque plus souvent le nom de Jésus et je ne me rappelle plus avoir faim. Si je me sens malade et que mon dos ou mes jambes me fassent mal, je me concentre dans la prière et je ne sens plus la douleur. »

Saint François d'Assise, à la fin de sa vie, répétait jour et nuit, debout, assis ou prosterné, l'unique imploration : « Mon Dieu et mon Tout... Mon Dieu et mon Tout... » Cette prière du Pauvre est le plus court chemin entre le cœur et Dieu.

PSAUMES

Pour ceux qui peinent à prier, pourquoi ne pas se laisser porter par la prière des Psaumes ? Celle du peuple immense des croyants en marche vers le Royaume, celle de tous ceux qui, depuis des millénaires, chantent et récitent ces « cris d'homme » et les tournent vers le Tout-Puissant : supplication, louange, admiration, exaltation, larmes d'affliction, bénédiction, action de grâce... Tous les états de l'âme sont exprimés dans ces poèmes séculaires qui furent la prière même du Christ.

Reliques

On reconnaît la présence humaine aux tombeaux. Ceux-ci manifestent, plus que les outils, que chaque homme est, au-delà de la mort, unique et précieux et qu'il considère l'autre ainsi. De même l'attachement à ce qui reste de ceux qui nous ont quittés. D'une personne qu'on aime, si elle s'éloigne, on veut garder quelque souvenir : une photo, une mèche de cheveux, une fleur séchée... Nous ne sommes pas de purs esprits. Notre amour pour s'épanouir a besoin de témoignages matériels.

De même la piété se nourrit-elle de signes tangibles : ce sont les reliques. « Et au fond ces reliques vers lesquelles les foules se pressent [...] on y découvre aussi notre vraie image : les os, ce qui reste pauvrement de nous, mais dans la magnificence du reliquaire, anticipant notre résurrection dans la gloire. » (Claude Tricot, professeur à l'université de Genève, dans le mensuel *Thérèse de Lisieux*.)

« Les excès du culte des reliques, confinant parfois au fétichisme, générateurs d'industrie de faussaires et d'un mercantilisme condamnable — et condamné par l'Église — sont connus. Ce sont les excès d'une foi atteinte en quelque sorte de gigantisme ; et nous, de qui des siècles de rationalisme ont fait des nains de la foi, nous ne pouvons pas nous représenter, nous ne pouvons pas sentir le climat spirituel et moral qui régnait alors, sauf parfois fugitivement quelques secondes, devant les basiliques et les cathédrales qui exprimaient si fortement un sentiment en nous diminué. » (Georges Blond, *L'Homme, ce pèlerin*, Fayard.)

RETOUR

Les aïeux rentraient à pied, c'était sagesse. « Sans doute faut-il prendre ce temps pour laisser décanter ce qu'on vient de vivre et en recueillir tous les fruits ? » m'a dit un pèlerin français qui revenait par Oviedo. À défaut, il convient de privilégier une certaine lenteur afin d'éviter un décalage trop percutant.

Proscrire l'avion, même si la compagnie Iberia offre 50 % de réduction sur présentation de la *compostela*. La transition est trop brutale. Elle serait plus douce en bateau : essayer le « boat-stop » au port de Padrón ?

À défaut, le car (Eurolines, une trentaine d'heures pour rejoindre Paris, environ 50 euros) et le train sont les moyens de transport les plus utilisés, même si Alain Bashung prévient : « Aucun express ne m'emmènera vers la félicité. » Un train part tous les matins à 9 heures de la gare de Compostelle et arrive à Irún-Hendaye vers 20 h 30. Il permet d'attraper le TGV de 21 h 30 pour Paris, souvent complet, ou le train de nuit la Palombe bleue, qui part d'Hendaye à 22 h 46 et arrive à 7 h 15 à Paris-Austerlitz. Question : faut-il réserver deux mois avant en calibrant son calendrier pour ne pas rater son train, ou au dernier moment au risque de ne pas trouver de place assise ? Une chose est sûre : c'est un homme différent que l'homme du retour.

Quoi qu'il en soit, vous n'éviterez pas un décalage « existentiel » qui mettra plusieurs jours, plusieurs semaines parfois, à se résorber.

Roi

Le titre honorifique de « roi » du pèlerinage était attribué, dans un groupe, au premier qui gravissait la colline du Monte del Gozo, dite de Montjoie, et apercevait Compostelle. De là viennent les patronymes de Roy ou Leroy.

Route

Extrait du discours de Jean-Paul II aux jeunes à Saint-Jacques-de-Compostelle, lors des Journées mondiales de la jeunesse en 1989 : « Il ne faut pas s'étonner que la “route de Saint-Jacques” ait été considérée en certaines occasions comme le paradigme de la pérégrination de l'Église dans sa marche vers la cité céleste ; itinéraire de prière et de pénitence, de charité et de solidarité : partie de la vie où la foi, se faisant histoire des hommes, transforme également la culture de manière chrétienne. Les églises et les abbayes, les hôpitaux et les auberges de la route de Saint-Jacques parlent encore aujourd'hui de cette aventure chrétienne du pèlerin chez qui la foi se fait vie, histoire, culture, charité, œuvres de miséricorde... »

Sac à dos

Le sac à dos est la maison du pèlerin. La tentation est de le charger de souvenirs, de tout un bric-à-brac affectif aussi inutile que lourd et encombrant. À une religieuse novice qui disait à Thérèse de l'Enfant-Jésus « Quand je pense à tout ce que j'ai à acquérir pour devenir sainte », Thérèse répondit avec une certaine malice : « Dites plutôt à perdre... » C'est la leçon d'allègement du sac à dos.

Quelques conseils : un sac ne doit pas dépasser un huitième du poids de la personne. On ne marche pas longtemps avec plus de douze kilos sur le dos (huit kilos pour les femmes). On purge généralement un tiers du sac après deux jours de marche. Autant le faire avant le départ... Le premier détachement du pèlerin est dans le chargement de son sac. Il en retirera d'immédiats profits.

Comment le choisir ? Comme pour les chaussures, le client se trouve désemparé, indécis et circonspect devant le nombre et la diversité des modèles. Sac à toit ouvrant ? À poches ? Il est préférable de prendre son temps et d'essayer avant d'acheter.

Je marche depuis des années avec un vieux sac doté d'une armature extérieure métallique, avec quatre poches latérales et une large poche dorsale. Il est complètement démodé, dépassé, ringard, au rancard, mais je persiste à le trouver fort pratique : je fourre des tas de bricoles dans ses poches (mon chemin n'étant pas le Cervin, nul besoin d'un sac longiligne d'alpiniste), sans avoir à ouvrir le « toit » ; j'accroche aux montants, tout en marchant, mon bâton, la gourde ou l'appareil photo, à portée de main en cas de besoin ; le duvet, roulé dans un isolant, coincé par la charge contre le bas de l'armature, n'encombre pas le sac ; il est même immédiatement disponible en cas de sieste urgente. En cas d'arrêt momentané, je repose mon fessier sur la ferraille, qui devient siège improvisé. Ce sac tient debout tout seul, sans son maître, et me montre l'exemple de la dignité...

Les bricoleurs ajouteront des sacoches ventrales sur les sangles d'abdomen et sur les bretelles d'épaule, pour disposer de l'appareil photo, de la carte, de la gourde ou de la barre vitaminée sans avoir à s'arrêter et à déposer le « menhir ».

Sac (suite)

Les quatre régions traversées en Espagne — la Navarre, la Rioja, la Castille et la Galice — ne sont pas le Taklamakan ou le Néguev. On trouve, à quelques exceptions près, des commerces ouverts dans chaque village traversé. Donc, pas de panique.

En revanche, il ne faut pas oublier les objets suivants :

— Un duvet léger (à moins de partir en hiver, les températures ne descendent pas à moins de 5 °C en dessous de zéro). Un sac à viande ? Utile en été, lors de chaleur caniculaire.

— Un matelas mousse, léger. Se roule facilement, protège contre les sols froids, humides ou (et) crasseux.

— Une lampe frontale (peut servir dans les gîtes, la nuit, en cas de besoin express, de coucher tardif ou de départ matinal).

— Une petite trousse à pharmacie (voir PHARMACIE).

— Un carnet de notes et son stylo, pour consigner ses états d'âme et envoyer des cartes postales émerveillées aux collègues de bureau, aux enfants restés à la maison, aux personnes avec qui on souhaite se réconcilier.

— Des pinces à linge qui accrocheront les serviettes humides et les chaussettes transpirantes au sommet du sac et les exposeront aux rayons purificateurs.

— Une cape isolante (voir PLUIE).

— Un chapeau, des lunettes de soleil et un foulard pour le cou.

— Un demi-savon de Marseille, pour la toilette et la lessive.

— Des boules Quiès, pour dormir un peu, la nuit, dans les gîtes d'étape (le modèle espagnol est une sorte de vis de caoutchouc dénommée *tampones*).

— Des épingles de sureté et des allumettes.

— Une pochette plastique à porter autour du cou, qui contiendra le parcours du jour (prévoir éventuellement des photocopies du guide).

— Un formulaire E111 à demander à sa caisse d'assurance maladie.

— Le *credencial* (voir CREDENCIAL).

— Un document d'identité et une carte d'assurance assistance (celle-ci est souvent comprise avec l'assurance voiture).

— Un lexique français-espagnol pour s'initier à la langue du pays hôte quand elle n'est pas pratiquée.

Faut-il se charger d'un réchaud, d'une tente, de gamelles ? À mon avis, non. Trop lourd et inutile. À moins d'être accompagné d'un âne porteur et de camper (attention, le bivouac sauvage est interdit en Espagne).

Les guides pratiques (voir GUIDE) et les associations jacquaires (voir SITES) proposent des listes pratiques pour remplir son sac.

SAINTS

Les chemins de Saint-Jacques sont d'abord des « routes des saints » : chemins de sanctification mais aussi routes jalonnées par d'innombrables tombeaux de saints (Trophime, Césaire, Honorat, Gilles, Guillaume, Foy, Marie-Madeleine, Martin, Hilaire, Romain...).

François d'Assise est le saint le plus célèbre à avoir emprunté le Chemin ; le plus jeune est Guillaume de Vercel, parti, pieds nus, vers Compostelle à l'âge de quinze ans. De nombreuses personnes furent canonisées en raison de leurs œuvres sur le Chemin, comme Roch (né à Montpellier en 1295, il passa sa vie à pérégriner en secourant les pestiférés rencontrés — il mourut à trente-deux ans), Bone de Pise (elle fit le pèlerinage plusieurs fois et devint la patronne des hôtesses de l'air — est-ce le chemin du Ciel ?), Domingo de la Calzada ou Juan de Ortega.

Mais « on relèverait dans l'histoire de l'Église quantité de chrétiens exemplaires, et même de saints, qui n'ont jamais mis le pied sur un quelconque chemin de pèlerinage, parce que celui dont chaque jour de la vie humaine peut être spiritualisé leur suffisait », écrit justement Raymond Oursel dans *Sanctuaires et Chemins de pèlerinage* (Cerf, 1997).

Sandales

Le « cabriolet » du marcheur. Elles offrent une ventilation permanente et moins de frottements. En revanche, s'il transpire tout à son aise, le pied est davantage exposé aux cailloux, aux épines, à la boue, à la pluie... Un neveu, Raphaël Stainville, vingt-trois ans, parti de Paris pour Jérusalem, a jeté ses croquenots dégoulinants aux alentours de Vézelay et a fini les six mille kilomètres de son pèlerinage en sandales. Sans une ampoule.

Dans *Équipée,* Victor Segalen en tresse l'éloge : « La Sandale est, pour la plante des pieds et tout le poids du corps, l'auxiliaire que le Bâton fait à la paume et au balancé des reins. C'est la seule chaussure de marcheur en terrain libre. C'est le résumé de la chaussure : l'interposé entre le sol de la terre et le corps pesant et vivant [...] ; grâce à elle le pied ne souffre pas, et pourtant fait l'expertise délicate du terrain. Grâce à elle, à l'encontre de toute autre chaussure, le pied s'épand et s'étire, et divise bien ses orteils. » (Cité par David Le Breton dans *Éloge de la marche*, Métailié, 2000.)

SEUL

Conviction : dans ses moments de vérité, l'homme est toujours seul. C'est pourquoi le pèlerinage n'est pas d'abord une démarche collective — même si on peut le pratiquer ensemble, et s'il existe d'admirables processions communautaires vers Chartres et d'autres sanctuaires. Pèleriner, c'est apprendre à mourir ; or on ne meurt pas en groupe, en troupeau, ni même en communauté. On meurt seul, face au Seul.

D'après un sondage effectué en Quercy en 2001, sur le chemin du Puy, 25 % des pèlerins marchent seuls, 20 % en couple, 10 % en famille et près de 45 % en groupe.

Si l'on marche en groupe — et même en couple —, veiller à conserver une certaine indépendance, à rester libre du regard de l'autre ; à progresser à son propre rythme (ne fût-ce que pour éviter les tendinites), dans son propre silence ; à se préserver des moments de solitude ; à rester disponible aux rencontres « étrangères ».

« Je voyageais à pied et je voyageais seul, écrit Jean-Jacques Rousseau dans l'une de ses *Confessions*. Jamais je n'ai tant pensé, tant existé, tant vécu, tant été moi, si j'ose ainsi dire, que dans ceux que j'ai faits seul et à pied. »

Silence

Aussi indispensable à l'âme que l'air aux poumons. « Plonge ton âme dans le silence », recommande Rabindranath Tagore. « Le fruit du silence est la prière, le fruit de la prière est la foi, le fruit de la foi est l'amour, le fruit de l'amour est le service, le fruit du service est la paix », disait mère Teresa.

L'une des raisons d'un certain silence, sur le *Camino*, est due à la quasi-absence de publicités visuelles (excepté dans les grandes villes), de spots radio ou télé, de musiques de supermarché... Un Occidental moyen serait soumis à quatre mille messages commerciaux par jour. Cette cure salutaire permet d'écouter d'autres Messages.

Sites

Sur la grande toile du Net, plusieurs sites sont dédiés à la grande toile des chemins de Saint-Jacques. Entre autres : www.multimania.com/ultreia. Ou : www.sud-aventure.com. On y trouvera les coordonnées de la trentaine d'associations jacquaires françaises où le pèlerin en partance peut se procurer son *credencial*, sa « lettre de créance », de nombreux conseils pratiques et des repères culturels.

Solitude

« Pour un homme normal, la solitude temporaire est plus nécessaire que le manger et le boire », disait Dostoïevski, qui passa quatre ans de bagne en Sibérie avec la Bible pour toute lecture, sans un moment de solitude.

La solitude effraie. Trop de gens en souffrent et en meurent. On la confond souvent avec l'isolement ou l'abandon (voir Ennui). Pourtant la solitude peut être une bénédiction, un lieu de rencontre avec Dieu et avec soi-même, sans fuite ni distraction. C'est après avoir jeûné durant quarante jours dans la solitude que Jésus résista aux trois tentations du démon.

« En tout homme se trouve une part de solitude qu'aucune intimité humaine ne peut combler, pas même l'amour le plus fort entre deux êtres... Pourtant tu n'es jamais seul. Laisse-toi sonder jusqu'au cœur de toi-même, et tu verras que tout homme est créé pour être habité. » (Roger Schutz, *Vivre l'inespéré*, Presses de Taizé, 1996.)

Temps

Autant en emporte le temps ? « Le marcheur est celui qui prend son temps et ne laisse pas le temps le prendre », soutient David Le Breton dans son *Éloge de la marche* (Métailié, 2000). Il cite Régis Debray : « La culture du pas apaise les tourments de l'éphémère. Dès qu'on met son sac à dos et que la chaussure bute sur les cailloux, l'esprit se désintéresse des dernières nouvelles. Quand je fais trente kilomètres par jour, à pied, je calcule mon temps en années ; quand j'en fais trois mille, en avion, je calcule ma vie en heures. »

Dans un espace qui a une direction, le pèlerin se laisse tisser par un temps qui va quelque part. Ses pas le libèrent de l'éternel retour, il échappe au temps païen, celui de la répétition indéfinie de l'identique, le temps cyclique de Nietzsche, des Grecs, de l'hindouisme, des week-ends tous les six jours et des congés payés tous les douze mois. Le pèlerin progresse dans un « temps droit », qui s'enracine dans une mémoire et va vers un avenir dont il accepte l'imprévu.

« Du temps, ou plutôt de la durée, car le temps est un concept de businessman quand la durée du jour s'inscrit dans la chair du pèlerin qui doit composer avec la nuit et le soleil, note Paul de Sinety, écrivain, auteur de *L'Amour des voyageurs* (Balland, 1999), dans lequel il narre son pèlerinage à Jérusalem. Il y a donc beaucoup de durées de marche. Et, à la clé, la contemplation qui rompt avec la frénésie du monde. Car c'est en se perdant qu'on se retrouve, c'est en goûtant la multiplicité incroyable de rencontres et de situations que le marcheur va grandir en lui-même et trouver la Paix. » (*Témoignage chrétien,* n° 2975, 19 juillet 2001.)

« Tout ce qui n'est pas de l'éternité retrouvée est du temps perdu », soutenait le philosophe paysan Gustave Thibon.

TOMBEAU

Le reliquaire d'argent situé dans la crypte de la cathédrale de Compostelle contient-il véritablement les reliques de l'Apôtre ? Luther affirmait que la présence de son corps à Compostelle était illusoire, et beaucoup d'indices, ajoutés au bon sens, semblaient lui donner raison. D'ailleurs, quand l'archevêque de Compostelle ouvrit le tombeau en 1601, il le trouva vide. Malaise ! On affirme alors que le corps aurait été enlevé en 1589 pour le préserver du sacrilège. En effet, l'amiral Drake, corsaire protestant et redoutable marin, croise au large de la Galice. Il s'est juré de détruire Santiago, « principal bastion de la superstition papale ». Le corps est d'ailleurs si bien caché qu'on ne le retrouve plus. L'explication en fait ricaner plus d'un. Elle est obstinément répétée... jusqu'à la découverte des reliques en 1879. Savants et médecins authentifient le corps. Le pape Léon XIII aussi, par une bulle magistrale (*Deus omnipotens*).

Les critiques continuent. Mais elles ne font pas de vieux os lorsque de nouvelles fouilles, en 1946, mettent au jour autour du tombeau toute une nécropole antique. Et révèlent la tombe de l'évêque wisigoth d'Ira Flavia, Théodomir, mort en 847, qui fit dégager les tombes et dont les sceptiques niaient l'existence.

Vin

Le « sang du pèlerin », dit-on. Frères abstinents, vous allez souffrir. Le chemin ruisselle de *vino tinto,* de *vino blanco.* Il serpente au milieu des vignes fameuses de Castille, de Navarre, de la Rioja et du Bierzo. Le *vino de la casa,* compris dans le menu des restaurants du Chemin, déçoit rarement. Une heureuse surprise attend le pèlerin peu après Estella : la fontaine à vin des *bodegas* d'Irache.

« Voici venir des jours, déclare le Seigneur, où se suivront de près labours et moissons, vendanges et semailles. Les montagnes laisseront couler le vin nouveau ; toutes les collines en seront ruisselantes. Je ramènerai les captifs de mon peuple Israël ; ils rebâtiront les villes dévastées et les habiteront ; ils planteront des vignes et en boiront le vin ; ils cultiveront des jardins et en mangeront les fruits. Je les planterai sur leur sol, et jamais plus ils ne seront arrachés du sol que je leur ai donné. Le Seigneur ton Dieu a parlé. » (Am 9, 13-15.)

Visage

« Quand je ne peux regarder ton visage,
je regarde tes pieds.
Tes pieds. Leur os cambré.
Tes deux petits pieds durs.

Mais je n'aime tes pieds
Que pour avoir marché
Sur la terre et aussi

Sur le vent et sur l'eau
Jusqu'à me rencontrer. »
Pablo Neruda, « Tes pieds », dans *Les Vers du capitaine*.

VOL

Il y a de la fauche dans les gîtes, et des coquillards à toutes les époques. La meilleure solution, pour ne pas vivre dans la hantise du vol, est de partir sans rien... C'est le conseil de saint François d'Assise. À défaut, on pourra placer monnaie, papiers et carte de crédit internationale dans une pochette étanche qu'on gardera autour du cou ou qu'on glissera dans le duvet, la nuit. Pas besoin de thésauriser, on trouve des distributeurs de liquidités dans toutes les villes.

VOYAGE

Un arrachement à soi, qui peut être une fuite. « L'important n'est pas de changer de lieu mais de changer d'âme », disait Sénèque. Parfois, l'un peut aider à l'autre.

« Un voyage, c'est un trajet. Ce n'est pas une succession de lieux où l'on ne bouge pas, ce n'est pas la flèche de Zénon : c'est un mouvement. [...] Nous ne sommes chez nous nulle part sur la terre ; parfois, chassés de nous-mêmes par une force mystérieuse, nous quittons un lieu d'exil pour un autre lieu d'exil, et alors nous nous offrons pour un temps l'illusion d'aller vers un séjour radieux qui n'existe pas. Lucrèce a tout dit sur ce point : si les voyages ne sont d'aucun profit, c'est que nous ne faisons que déplacer ici et là le mal qui est en nous. Il nous faudrait guérir d'abord, et partir ensuite. Mais une fois guéri, à quoi bon s'en aller ? Voilà pourquoi le vrai défi, c'est de savoir commencer un voyage autour de sa chambre, comme Xavier de Maistre, ou dans cette brasserie, ou même sur cette banquette, tout seul. » (Xavier Patier, *Les Trentenaires*, La Table Ronde, 2000.)

Remerciements

« L'éternité se moque des écrits. »

Bertrand Poirot-Delpech.

« C'est si beau ce qu'écrivent les autres. »

Valéry Larbaud.

Ma reconnaissance la plus vive à tous ceux, vivants ou morts, célèbres ou anonymes, à qui j'ai emprunté quelques bons mots et belles phrases. Entre autres : les frères et sœurs pèlerins du Chemin, Barret et Gurgand, sainte Thérèse d'Avila et sainte Thérèse de l'Enfant-Jésus, Jean-Claude Bourlès, Jean Lescuyer, Serge Grandais, Etty Hillesum, Raymond Oursel, Yves Paccalet, Simone Weil, Gustave Thibon, Jean Vanier, Anselm Grün, père Pascal Ide et père Alain Bandelier, Aymeri Picaud, Simone Pacot, Johannes Tauler, Denise Péricard-Mea, Alexandre Vialatte, saint Ignace de Loyola, Xavier Patier...

Au magazine *Famille chrétienne* qui a publié une première version de ce journal au cours de l'été 1999, enrichie en juin 2001.

À Daniel Facérias, qui m'a mis sur la route.

À Louis Pillet, pèlerin de l'Archange, qui m'a guidé du haut du ciel.

À toutes celles qui ont eu la patience de relire ces épreuves, si bien nommées — Cécile Gaudin, Christine Ponsard, Agnès Adrian, Bénédicte Drouin, Olivia Chastel.

À mon petit orteil, Rikiki Gnomon, qui continue de me porter et de me supporter, pour ses précieuses inspirations venues d'ailleurs...

... Et à Brunor, qui a su lui donner figure humaine.

Table des matières

Impression réalisée sur CAMERON par

BUSSIÈRE CAMEDAN IMPRIMERIES

GROUPE CPI

à Saint-Amand-Montrond (Cher)
en juillet 2002

N° d'édition : 846/04. N° d'impression : 023551/1.
Dépôt légal : avril 2002.

Imprimé en France